Stichwort

Aggression und Gewalt

Andreas Huber

Originalausgabe

WILHELM HEYNE VERLAG
MÜNCHEN

HEYNE SACHBUCH
Nr. 19/4051

FACHLEKTORAT:
Andrea Eckert

REDAKTION:
Christine Proske

GRAFIKEN:
Design-Studio Fleischer

KONZEPTION UND REALISATION:
Christine Proske
(Ariadne Buchproduktion)

Copyright © 1995
by Wilhelm Heyne Verlag GmbH & Co. KG, München
Printed in Germany 1995
Umschlaggestaltung: Kaselow-Design
Herstellung: H + G Lidl, München
Satz: Satz & Repro Grieb, München
Druck und Verarbeitung: Pressedruck, Augsburg

ISBN 3-453-07836-5

Inhalt

I. Aggression und Gewalt:
Das sogenannte Böse

1. Der Mensch – von Natur aus böse?

Die Welt ist voll von Aggression und Gewalt: Krieg und Kriminalität, Ausschreitungen gegen Ausländer, sexueller Mißbrauch zunehmende Aggressivität in der Arbeitswelt, in Schulen, auf der Straße, in den Medien oder im Sport. Berücksichtigt man zudem die vielen aussterbenden Tierarten und drohenden Öko-Katastrophen aufgrund menschlicher Umwelt- und Naturzerstörung, scheint der Mensch ein von Grund auf aggressives, gewalttätiges und zerstörerisches Lebewesen zu sein.

Für den Philosophen Arthur Koestler ist der Mensch deswegen ein »Irrläufer der Evolution«. Weite Verbreitung fand auch das Gedankengut des Zoologen und Verhaltensforschers Konrad Lorenz, der vor allem durch die Theorie berühmt wurde, wonach der Mensch von Natur aus zur Aggression gezwungen sei: Lorenz versteht Aggression schlicht als Trieb, weswegen aggressives und gewalttätiges Verhalten für ihn ein unvermeidbares, biologisch geradezu zwingend notwendiges Naturphänomen darstellt – wie Hunger und Durst, wie das Atmen und die Sexualität.

Im genauen Gegensatz dazu vertreten viele Aggressionsforscher allerdings die Überzeugung, daß Aggressivität und Gewalt als Kulturphänomen zu begreifen sind, da sich auch heute noch gewaltfreie, friedliche Stämme und Gesellschaften von destruktiven, gewalt- und kriegsverherrlichenden Kulturen unterscheiden lassen: »Gewalt ist tief im Gewebe des sozialen Zusammenlebens verankert«, zieht der Aggressionsforscher Klaus Hurrelmann stellvertretend für viele andere Wissenschaftler ein Fazit. Viele Verhaltensforscher und Sozial-

Gewalt im 20. Jahrhundert

Die Aufzählung ist grauenerregend: Erster Weltkrieg; Zweiter Weltkrieg; Hitler und Auschwitz; Bergen-Belsen, Dachau und Treblinka; Stalin; der Archipel Gulag; Spanischer Bürgerkrieg; Vietnamkrieg; die unzählige Opfer fordernden Todeskommandos der lateinamerikanischen Diktaturen der siebziger Jahre; der Schreckensterror der kambodschanischen Roten Khmer unter Pol Pot; der mörderische Krieg auf dem Balkan oder die Massaker in Ruanda – das 20. Jahrhundert erscheint schon allein aufgrund dieser nüchternen Aneinanderreihung als ein gewalttätiges Inferno aus Mord und Totschlag. Wie der amerikanische Politologe Rudolph J. Rummel 1995 errechnete, wurden in diesem Jahrhundert die letztlich unvorstellbare Zahl von mindestens 150 Millionen Männern, Frauen und Kindern getötet: Erschossen, erschlagen, gefoltert, erstochen, verbrannt, verhungern oder erfrieren gelassen, per Zwangsarbeit getötet oder lebend begraben, ertränkt, gehängt, zerbombt.

Und dennoch hat die Gewalt in unseren modernen Zeiten nicht besonders zugenommen: Die ganze Weltgeschichte ist von Anfang an eine Geschichte der Gewalt – voller abscheulicher Grausamkeiten. Für den Schweizer Gewaltforscher Udo Rauchfleisch besteht allerdings ein grundlegender Unterschied zu früher darin, daß Aggressionen und Gewalthandlungen heute vor allem durch die weltweite Vernetzung über die Massenmedien als ständig präsentes Gewaltphänomen quantitativ stärker wahrgenommen werden – während das menschliche Aggressions- und Gewaltpotential an sich aber unverändert geblieben ist oder sich nur unwesentlich verändert hat.

wissenschaftler meinen daher, daß bestimmte gesell-schaftliche und kulturelle Rahmenbedingungen das Erlernen von Gewalt sehr wohl fördern, daß sie aber wie alles Gelernte auch wieder verlernt werden könne.

Kriege auf der politischen, geschichtlichen Ebene – Streit, Haß sowie Mord auf der persönlichen Ebene: Im Alltagsverständnis werden diese Aspekte wie selbstverständlich mit Aggression und Gewalt assoziiert. Aggressionsforscher betonen allerdings, daß sich der Sachverhalt etwas komplexer gestaltet.

2. Begriffe und Bedeutungen

Auch wenn in der Alltagswelt eine weitgehende Übereinstimmung darüber zu bestehen scheint, was im menschlichen Verhalten als aggressiv gilt, gibt es wissenschaftlich keine eindeutige und allumfassende Definition des Begriffes Aggression. Aggression und Aggressivität sind hochkomplexe Phänomene des menschlichen Lebens, die unter sehr verschiedenen Perspektiven betrachtet werden müssen.

So sind zwar Handlungen wie

– als Eltern einem Kind »Hausarrest« auszusprechen
– als Polizist einen Verbrecher gefangen zu nehmen
– beim Fußball »foul« zu spielen
– als überfallene Frau in Notwehr Gewalt anzuwenden
– sich in einer Diskussion durchzusetzen
– jemandem den »Vogel« zu zeigen
– einem Kollegen wichtige berufliche Informationen vorzuenthalten

beispielsweise alle als irgendwie aggressiv zu bezeichnen. Aber worin besteht die Gemeinsamkeit solcher Aktionen: Sind die Täter, die Taten, die Folgen oder die Motive aggressiv? Psychologen verweisen auf die lateinische Grundbedeutung des Aggressionsbegriffes: Das lateinische Wort ad-gredi bedeutet im positiven wie negativen Sinne, sich nähern, hinbewegen, angreifen, mutiges Draufzugehen, Durchsetzungsfähigkeit, Entschlossenheit, Initiative. Daß Aggression auch eine sehr positive Kraft verkörpern kann, wird daran deutlich, daß ein Baby, das sich nicht aggressiv verhält, also nicht schreit, schlicht verhungern müßte.

Aggression ist also nicht gleich Aggression. Welche vielfältigen und unterschiedlichen Formen das Phänomen Aggressivität annehmen kann, verdeutlicht folgende Zusammenstellung:

- Befohlene Aggression:
  auf Befehl aggressiv oder gewalttätig handeln (Einsatzbefehl bei Polizisten oder Soldaten)
- Eigen- oder innengewandte Autoaggression:
  gegen sich selbst gerichtete Aggression (schmerzhaftes Nägelkauen; depressive Verstimmungen oder Drogenmißbrauch; Selbstmord)
- Expressive Aggression:
  Ausdruck von aggressiven Emotionen wie Ärger, Zorn oder Wut (etwas kaputtschlagen)
- Feindselige Aggression:
  auf Schmerz und Schädigung des Opfers zielend (Tierquälerei)
- Instrumentelle Aggression:
  aggressives Verhalten als ein Mittel, um ein Ziel zu erreichen oder Probleme zu lösen (mit Waffengewalt eine Bank überfallen)
- Offene Aggression:
  mit den Sinnen wahrnehmbar – sichtbar, spürbar, hörbar (wütendes Lautwerden)
- Reaktive Aggression:
  als Folge bestimmter Außenreize (aggressives und gewalttätiges Handeln in Ausnahme- und Notwehrsituationen)

Arten der Aggression

Ärgeraggression

1. Unmutsäußerung — Impulsiver Affektausdruck; wirkt aggressiv, ist aber keine Aggression im eigentlichen Sinn

2. Vergeltung — Getragen von Groll, Haß u. ä. Gefühlen; gezielte Schmerzzufügung vermittelt innere Befriedigung (Wiederherstellung von Selbstwertgefühl und „Gerechtigkeit")

Instrumentelle Aggression

3. Abwehraggression — Schadensabwendung, Schutz als Ziel; häufig mit starken Emotionen (zwischen Angst und Ärger) verbunden

4. Erlangungsaggression — Durchsetzung, Gewinn, Beachtung, Anerkennung als Ziel, oft „kühl" ausgeführt

Spontane Aggression

5. Kampflust Sadismus — Schmerzzufügung vermittelt emotionale Befriedigung (vermutlich Selbsterhöhung, Selbststimulierung)

- Spontane Aggression:
  ohne äußeren Auslöser, von sich aus auftretend
  (Vandalismus, »Zerstörungslust«)
- Verdeckte Aggression:
  gezielte, hinterhältige Schädigung des Opfers
  (Intrigen spinnen)

Während der Laie Aggression häufig mit aggressiven Gefühlen wie Ärger, Haß, Wut, Rache, Feindseligkeit, Schadenfreude, Zerstörungslust und anderen mehr gleichsetzt, macht diese Aufzählung klar, daß Aggressionen auch emotionslos wirken können. Zudem sind die Übergänge zwischen den genannten Gefühlen selbst und ihre Grenze zu nicht-aggressiven Gefühlen fließend und verschwimmen.

Angesichts der Vielfalt dieses Phänomens hat man sich in der modernen Aggressionsforschung daher von einem weiten Aggressionsverständnis gelöst, da letztlich jegliche Art von Aktivität als »aggressiv« bezeichnet werden könne, die nur irgendwie als das »Gegenteil von Passivität und Zurückhaltung« (Hans-Peter Nolting) erkennbar sei.

Unterschiedliche Definitionen des Begriffes Aggression

Die Schwierigkeiten, eine solche Vielfalt zu integrieren, spiegelt sich auch in den Versuchen von Psychologen wider, den Begriff der Aggression zu definieren:

»Aggression ist ein Sammelbegriff, der gleichermaßen Motive, Denkinhalte, Affekte und Verhaltensäußerungen umschreibt, denen ein absichtsvoller, zupackender, meist schädigender Einfluß auf Sachen oder Personen zukommt.« (Albert Hoffmann)

»Bei der Aggression muß man eine nicht-destruktive Aggression, die Durchsetzungsfähigkeit und Autonomie fördert, und eine Tendenz feindseliger Destruktivität unterscheiden.« (Henri Parens)

»Es ist schwierig, die verschiedenen Aggressionskonzepte und -theorien zur Erklärung aggressiven und gewaltvollen Verhaltens in eine umfassende Aggressionstheorie zu integrieren. Wir müssen davon ausgehen, daß es beim Menschen – wie beim Tier – eine primäre Aggression gibt. Sie stellt eine ursprüngliche Kraft im Sinne des ad-gredi, des Herangehens und Bemächtigens der Welt und ihrer Objekte dar und äußert sich im zupackenden Interesse an den das Individuen umgebenden Menschen und in der Selbstverteidigung. Aggression erweist sich damit als ein konstitutives Element menschlichen Verhaltens (Mitscherlich) und dient primär der Abgrenzung; insofern ist sie eine für die Selbstwerdung der Person, die Individuation wichtige, konstruktive Kraft.« (Udo Rauchfleisch)

Dieser großen Bandbreite aggressiver Phänomene versucht auch die von der Bundesregierung 1990 berufene, unabhängige Gewaltkommission von Experten verschiedenster Fachdisziplinen gerecht zu werden, die in ihrer Bestandsaufnahme folgendes festhält:

»Das Spektrum der Aggression reicht von reiner Aktivität – und Kontaktlust – bis zur Zerstörung, von symptomatischer Aggression als Kontrollverlust in allen Schattierungen unbewußter und bewußter Vorgänge bis zur Aggression als geplanter Strategie, von organisierter Struktur bis zur unkontrollierten Gewalt: der offenen, manifesten, unmaskierten Ausdrucksform der Aggression.«

Strukturelle Gewalt

Die Gewaltkommission hat in ihrer Definition von Gewalt ausdrücklich und in Übereinstimmung mit der neueren Forschung den Begriff der sogenannten strukturellen Gewalt ganz ausgeklammert, da er die Gewaltbedeutung wissenschaftlich unzulässig und inflationär ausweiten würde. Das Konzept der strukturellen Gewalt wurde vom norwegischen Friedensforscher Johan Galtung in den siebziger Jahren geprägt, um in gesellschaftlichen und kulturellen Strukturen oder Institutionen eher indirekt wirkende, das Individuum aber prinzipiell entfremdende oder schädigende Rahmenbedingungen zu bezeichnen. Der Begriff spielt in der sozialwissenschaftlichen Diskussion seitdem weltweit eine wichtige Rolle.

Als Beispiele für strukturelle Gewalt gelten unter anderem die Lebenswelten eines Ghettos oder eines Gefängnisses, da sie mit ihren (ungeschriebenen) Regeln, Verhaltensmöglichkeiten, Ge- oder Verboten auf ihre Mitglieder auch indirekt Druck ausüben und sie in ihrer Freiheit einschränken. Auch die in patriarchalen Kulturen geltende gesellschaftliche Norm, wonach Jungen wichtiger seien als Mädchen, übt auf heranwachsende Frauen in Familie, Schule oder Ausbildung strukturell Gewalt aus.

Aggressionsforscher wie der Bamberger Professor für Psychologie Herbert Selg, plädieren mittlerweile dafür, in der Gewaltforschung zukünftig auf den vieldeutigen Begriff der strukturellen Gewalt zu verzichten und ihn durch die präzisere Formulierung der sozialen Ungerechtigkeit zu ersetzen. Er begründet dies insbesondere auch dadurch, daß soziale Ungerechtigkeit noch keine Gewalt bedeuten müsse, aber eine Ursache von Gewalt sein könne.

Statt dessen konzentriert sich die Wissenschaft bei der Aggression auf beobachtbares Verhalten und charakterisiert dieses nur dann als aggressiv, wenn die Absicht einer Schädigung vorliegt. Die Intention gilt auch auch im alltäglichen Umgang als das entscheidende Merkmal bei der Bewertung eines Verhaltens. So kann man beispielsweise lächelnd reagieren, wenn einem eine alte Frau in der Straßenbahn vollkommen unabsichtlich auf den Fuß getreten ist und sich entsprechend entschuldigt. Ihre Intention gilt als nicht-aggressiv. Passiert das jedoch einem Skinhead, so wird man ihm automatisch eine aggressive Intention unterstellen und ebenfalls feindselig reagieren.

Der Begriff der Gewalt bezeichnet die schweren und schwersten Formen von Aggressionen und gilt als eine Teilmenge der Aggression: Gewalt definiert die Aggression in ihrer extremen, in aller Regel physisch ausgeübten und sozial nicht akzeptablen Form. Die Gewaltkommission beispielsweise versteht unter Gewalt die »ausgeübte oder glaubhaft angedrohte physische Aggression«, mit der ein Mensch gegen seine Bedürfnisse und seinen Willen zu etwas gezwungen werde. Gewalt gilt zudem immer als eine Machtausübung, die auf individuellem Niveau als Ausdruck von Wut, Feindseligkeit oder Haß aufzufassen ist, auf institutioneller Ebene dagegen prinzipiell zur Vernichtung des Gegners führen soll.

II. Allgegenwart von Aggression und Gewalt

1. Aggressionen im Alltag

Es ist eine Tatsache, daß die Welt voller Aggressionen und Gewalt ist. Die Allgegenwart von Gewalt gilt für alle Lebensbereiche in Familie oder Schule, Berufswelt oder Straßenverkehr, gegenüber sozial Schwachen und Fremden.

Schikanen

Eine üble Form von Aggression im Alltag ist die Schikane als eine hinterhältige, »scheinbar gewaltlos« wirkende Gewalt. Die beiden Publizisten und Experten in Sachen Schikane Hans-Jürgen Seemann und Rainer Meyer haben den Begriff so definiert:

»Eine Schikane ist eine böswillige (…) bereitete Schwierigkeit oder Schädigung des anderen, die mit den geltenden Bedingungen von Recht und Moral auf absurde und groteske Weise vereinbar erscheint.«

Dies heißt zweierlei: Die Kunst der Schikane ist ein aggressiver und gewalttätiger Akt, da sie das Opfer absichtlich schädigt. Der Schikaneur weiß, daß nicht nur körperliche Wunden schmerzen, sondern psychische Verletzungen noch tiefer wirken können.
Die Schikane funktioniert dabei gleichzeitig immer im Schutz der Legitimität, Vorschriften oder Vernunft: Eine Schikane bedient sich zweckrationaler Verhaltensweisen und beutet diese für ihre Zwecke aus.

In der Berufswelt können Verkäuferinnen oder Verkäufer ein Lied davon singen, wie schikanös die harmlose Tätigkeit des Kleider- oder Schuheprobierens bei einigen Mitmenschen sein kann.

Ausführliche Fallgeschichten über die alltägliche Gewalt der Bosheit und darüber, wie erfinderisch die Kunst sein kann, immer neue Gemeinheiten, seelische Sadismen und vertrackte Techniken anzuwenden, finden sich im Buch »Das Prinzip Bosheit« von Jürgen Seemann und Rainer Maier.

2. Beziehungsgewalt und aggressiver Geschlechterkampf

Die schlechten Ehewitze über die hysterische, geifernde, mit dem Nudelholz um sich schlagende (Ehe-) Frau besitzen zwar Tradition – die Wirklichkeit sieht jedoch anders aus: In Beziehungen geht körperliche Gewalt von den Männern aus, in der Bundesrepublik schlagen jährlich etwa fünf Millionen Männer mehr oder weniger regelmäßig zu. Mindestens jede vierte Frau machte bereits Erfahrungen mit Handgreiflichkeiten in ihrer Beziehung – Vergewaltigung eingeschlossen. Für den Gewaltforscher Herbert Selg gilt die Drittel-Regel: Ein Drittel ist gewaltgeneigt, ein weiteres gilt als zumindest gewaltgefährdet – nur ein Drittel neigt nicht zu Gewalthandlungen.

Die Tatsache, daß der Geschlechterkampf auch mit brutalen Mitteln ausgefochten wird, betrifft dabei nicht nur – wie häufig postuliert – sozial unterprivilegierte Schichten, sondern viele Beziehungen aus der Mittel- und Oberschicht.

In den allermeisten Fällen geht die Gewalt vom Mann aus, wobei die zwei Sozialwissenschaftlerinnen Cheryl Benard und Edit Schlaffer feststellten: »Wenn sein

Zusammenhang zwischen einer gleichberechtigten Beziehungsstruktur und männlicher Gewaltanwendung

Erwerbstätigkeit der Frau

Gestiegene Ressourcen der Frau

Gestiegene Macht der Frau

Frau erwartet zunehmend eine gleichgestellte Paarbeziehung

Konflikt zwischen den egalitären Erwartungen der Frau und den Dominanzansprüchen des Mannes

Faktoren, die die Akzeptanz der egalitären Paarbeziehung beim Mann beeinflussen:

A: Zwanghafte Maskulinität
B: Antizipierendes Rollentraining
C: Rollenschärfe
D: Hilfestellungen auf dem Weg zum Ziel

Akzeptiert der Mann eine egalitäre Beziehungsstruktur?

Falls nein

Falls ja

Konflikt ist illegitim; Mann fällt auf traditionelle Kontrolltechniken zurück

Gestiegene Intimität in der Paarbeziehung

Mehr Konflikte aufgrund der größeren Zahl gemeinsamer Lebensbereiche; Konflikt ist legitim

Erhöhte Wahrscheinlichkeit gewalttätiger Konflikte

Sinkende Wahrscheinlichkeit gewalttätiger Konflikte

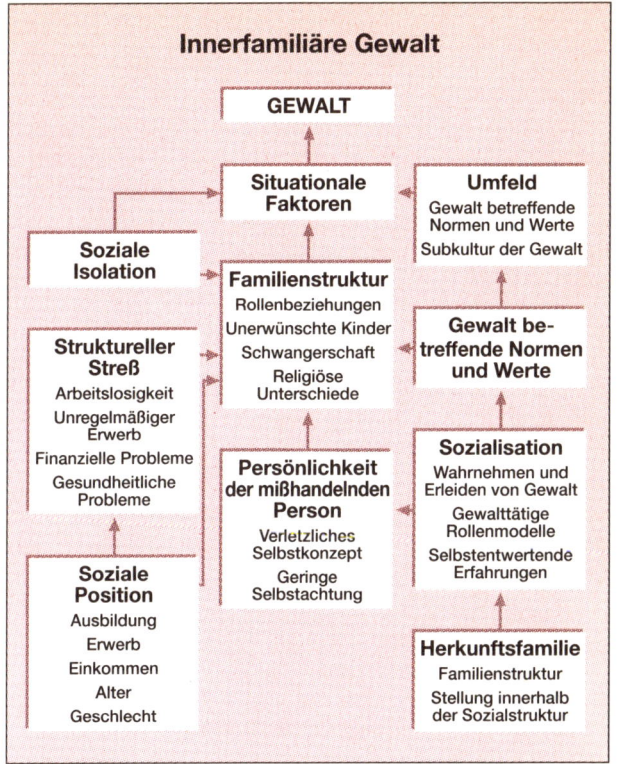

Innerfamiliäre Gewalt

GEWALT

Situationale Faktoren

Umfeld
Gewalt betreffende Normen und Werte
Subkultur der Gewalt

Soziale Isolation

Familienstruktur
Rollenbeziehungen
Unerwünschte Kinder
Schwangerschaft
Religiöse Unterschiede

Gewalt betreffende Normen und Werte

Struktureller Streß
Arbeitslosigkeit
Unregelmäßiger Erwerb
Finanzielle Probleme
Gesundheitliche Probleme

Persönlichkeit der mißhandelnden Person
Verletzliches Selbstkonzept
Geringe Selbstachtung

Sozialisation
Wahrnehmen und Erleiden von Gewalt
Gewalttätige Rollenmodelle
Selbstentwertende Erfahrungen

Soziale Position
Ausbildung
Erwerb
Einkommen
Alter
Geschlecht

Herkunftsfamilie
Familienstruktur
Stellung innerhalb der Sozialstruktur

Selbstbild als zivilisierter, gebildeter Mensch es ihm nicht erlaubt, tatsächlich zuzuschlagen, dann tut er es mit Worten, Emotionen und Verweigerungen.«

So kann man folgende Formen nicht-körperlicher Gewalt unterscheiden:

Psychische Gewalt:
Diese Form ist als unmittelbarer Angriff auf die Identität und Psyche der Frau/Partnerin zu verstehen. Der Mann beleidigt, reizt oder attackiert seine Frau – wobei er seine Übergriffe gerne als eine Form von Humor ausgibt – und

die angebliche Humorlosigkeit seiner Frau/Partnerin als weiteren Anlaß nimmt, sie zu verspotten.

Soziale Gewalt:
Aggressive Verhaltensweisen dieser Ebenen zielen darauf ab, die Frau in Abhängigkeit zu halten: Sie wird insbesondere bezüglich ihrer Fähigkeiten verunsichert, soziale Beziehungen außerhalb der Partnerschaft zu leben.

Aggression in der Partnerschaft

Nach einer repräsentativen Umfrage der Frauenzeitschrift »Freundin« kommt es in Partnerschaften aus folgenden Gründen zu Streitigkeiten:

- Geldprobleme (61 Prozent)
- Treue und Eifersucht (51 Prozent)
- Kindererziehung (47 Prozent)
- Sex (38 Prozent)
- Partnerverhalten (34 Prozent)
- unterschiedliche Interessen (31 Prozent)
- Verwandtschaftsprobleme (13 Prozent)

Statistisch gesehen ereignen sich genau 2,4mal pro Woche kleinere Auseinandersetzungen, ziemlich genau einmal wöchentlich gibt es einen offenen Streit – einen heftigeren Krach etwa alle zehn Wochen. In den meisten Fällen (68 Prozent) beginnt die Frau mit dem Streit, lenkt dafür aber in 61 Prozent auch wieder eher ein.

Ein schwerer Streit dauert durchschnittlich fast zwei Stunden, wobei bis zur Versöhnung nochmals zweieinhalb Tage vergehen.

Der Freitag verläuft weitgehend friedlich, nur in fünf Prozent der Fälle wird an diesem Wochentag gestritten. Als konfliktträchtigster Tag erweist sich mit 27 Prozent der Sonntag.

Emotionale Gewalt:
Sie zielt auf psychische Schwachstellen oder besondere Krisensituationen des Beziehungspartners. Reagiert der Mann beispielsweise auf den Tod einer nahen Bezugsperson seiner Frau mit dem Kommentar: »Jetzt hast Du wohl niemanden mehr, bei dem Du Dich ausweinen kannst«, so will er ihr damit ihre Abhängigkeit von seiner Person noch stärker ins Bewußtsein rufen.

Gewalt kommt selbst in Beziehungen vor, in denen man es nicht ohne weiteres erwarten würde: in den sogenannten »egalitären« Beziehungen, in denen beide Partner beruflich unabhängig sind und einen überdurchschnittlichen Bildungsgrad besitzen. In diesen Bindungen geht die Gewalt allerdings auch öfter von Frauen aus (in 14 Prozent der Fälle – gegenüber drei Prozent in anderen Beziehungen) oder sie wird von beiden Seiten ausgeübt (elf Prozent).

3. Gewalt gegen Kinder

Gewalt gegen Kinder – in Form körperlicher Züchtigung – scheint wieder zunehmend als Erziehungsmittel akzeptiert zu werden: Nach einer repräsentativen Studie des Dortmunder Forsa-Institutes von 1993 sind sind lediglich 41 Prozent der Bevölkerung der Meinung, daß man Kinder »niemals schlagen« dürfe. Mit 54 Prozent zeigen sich dagegen mehr als die Hälfte der deutschen Eltern in Ost und West davon überzeugt, daß Kindern eine Ohrfeige »ab und an nicht schade«. Die hohe Akzeptanz körperlicher Züchtigung wird auch dadurch deutlich, daß fast jeder Fünfte seine Kinder noch vor wenigen Tagen geschlagen habe; mehr als ein Drittel schlagen ihr Kind, weil es »ungehorsam« oder »frech« war oder »nicht hören« wollte – in jedem siebten Fall fühlten sich die Eltern »provoziert«. Nach Angaben des Gesundheits-Informationsdienstes lag 1994 die Dunkelziffer bei Kindesmißhandlungen durch körperliche Gewalt zwischen 20.000 und 400.000 Delikten pro Jahr. Auffallend hoch ist dabei der Anteil der von ihren Eltern mißhandelten Säuglinge und Kleinkindern. Das Baby wird dabei heftig geschüttelt, was vielfach noch als normale Umgangsform gilt. Die Folgen allerdings können dramatisch sein, denn unter solchen sogenannten Schütteltraumen leiden die Kinder in aller Regel ein Leben lang:

Untersuchungen ergaben beispielsweise, daß die Gehirnverletzungen infolge von Schütteltraumen dreimal häufiger zu krankhaften Veränderungen führen als nach Verkehrsunfällen.

Nach einer gängigen Definition des Bundesministeriums für Jugend, Familie und Gesundheit gilt als Kindesmißhandlung eine nicht zufällige, bewußte oder unbewußte, gewaltsame psychische und/oder physische Schädigung, die in Familien oder Institutionen – zum Beispiel Kindergarten, Schulen, Heimen – geschieht, und die zu Verletzungen, Entwicklungshemmungen oder sogar zum Tod führt, und die das Wohl und die Rechte eines Kindes beeinträchtigt oder bedroht.

Neben der direkten körperlichen Mißhandlung zählen auch ausdrücklich seelische Grausamkeit und psychische Mißhandlung in Form eines »verbal-aggressiven Erziehungsstiles« sowie Vernachlässigung zu den Formen der Gewaltausübung gegen Kinder.

Dabei unterscheiden die modernen Kinder- und Jugendpsychologen neben der unmittelbaren körperlichen vor allem folgende Bereiche emotionaler und seelischer Mißhandlung:

Ablehnung:
Dem Kind werden Zuwendung, Zärtlichkeit und Sicherheit dauerhaft verwehrt. Es wird allein gelassen.

Isolation:
Das Kind wird von Außenkontakten abgekapselt. Es

muß sich fast ausschließlich in der Wohnung aufhalten, Beziehungen zu anderen Kindern werden unterbunden.

Demütigung:
Das Kind wird kontinuierlich kritisiert, beschimpft, gedemütigt, benörgelt, vor anderen bloßgestellt und lächerlich gemacht. Lob und Anerkennung werden ihm verweigert.

Terror:
Das Kind wird in Angst und Schrecken versetzt, um seinen Willen zu brechen; dazu zählen auch Drohungen wie: »Dich holt der Schwarze Mann«, oder: »Du kommst in ein Heim«.

Ignoranz:
Die Eltern sind körperlich anwesend, entziehen sich aber dem Kind psychisch. Sie sind mit eigenen Problemen beschäftigt, haben keine Zeit oder keine Lust, sich mit dem Kind zu beschäftigen. Es ist eine Form von geistiger Abwesenheit, die insbesondere viele Kinder in Scheidungs- und Trennungsfamilien trifft, da die Eltern hier oft zu stark mit ihren eigenen Problemen beschäftigt sind.

Korruption:
Dem Kind werden sehr früh erwachsene Verhaltensweisen aufgezwungen; es wird beispielsweise zu sexuellen Erlebnissen gedrängt oder mit gewalttätigen Medieninhalten konfrontiert.

Insgesamt gesehen reichen die »Dimensionen der Gewalt gegen Kinder«, so beschreibt es der Pädagoge Klaus Utz eindrucksvoll, »vom betonierten Kinderspielplatz, der engen Zwei-Zimmer-Wohnung im Hochhaus und den zum großen Teil wenig kindgerechten Schulalltag über die Trennung der Eltern gegen den Willen ihrer Kinder oder einen verbal-aggressiven Erziehungsstil bis zur körperlichen Züchtigung«.

4. Gewalt in der Schule

Wer an seine eigene Schulzeit denkt, besonders wenn er in eine Jungenklasse ging, weiß, daß Aggression in der Schule nichts Neues ist.

Neu sind in den neunziger Jahren allerdings die Formen der Gewaltanwendung: brutale Prügeleien, Messerstechereien, Schutzgelderpressung bis hin zum (versuchten) Mord an Mitschülern oder Lehrern. Pädagogen fürchten neben diesen spektakulären Fällen von Gewalttaten vor allem eine wachsende, ganz alltägliche Aggressivität und Gewaltbereitschaft.

Trotzdem vertreten die meisten Pädagogen die Ansicht, daß die Lage zwar ernst sei, aber zu einer »Dramatisierung kein Anlaß« bestehe. So lautete auch das Fazit der Arbeitsgemeinschaft Kinder- und Jugendschutz aufgrund landesweiter Untersuchung an hessischen und nordrheinwestfälischen Schulen 1995. Sie stellte fest, daß zwischen dem öffentlichen Bild einer massiven Gewaltbelastung in den Schulen auf der einen Seite und der Einschätzung der Schulleiter, Schüler, Hausmeister, Sekretärinnen etc. eine »große Diskrepanz« bestehe.

Von einer dramatischen Zunahme der Gewalttaten könne prinzipiell nirgendwo ausgegangen werden. Zwar seien die Probleme bezüglich Vandalismus und Sachbeschädigung in den letzten Jahren größer geworden, man müsse aber auch feststellen, daß beispielsweise Sexualdelikte und die »Aneignung von Sachen unter Gewaltanwendung oder -drohung« rückläufige Tendenzen aufweisen.

Allerdings bleibe es problematisch, daß vor allem an Hauptschulen insbesondere die Jungen zu 50 bis 60 Prozent bewaffnet seien – mit Baseballschlägern, Messern, Schlagringen oder ähnlichem – »zum Schutz, oder weil andere das auch machen«. Zwar bedeutet es nicht, daß die Waffen auch zum Einsatz kommen: Die Hemmschwellen sind hoch. Doch der Essener Pädagoge und Praxisberater für »Aggression/Gewalt an Schulen«, Jörg Massing, gibt zu bedenken, daß niemand die Entwicklung dieser Problematik einschätzen könne. Besonders gefährlich findet er die Tendenz zum Abbau von Hemmschwellen, zu gesunkener Frustrationstoleranz, mangelhafter Werteorientierung und der Entwicklung manifester Existenzängste unter einer »nicht unerheblichen Zahl« von Jugendlichen.

5. Mobbing: Aggression am Arbeitsplatz

Die vielfältigen Formen von aggressivem, feindseligem, drangsalierendem oder schikanierendem Verhalten in der Arbeits- und Berufswelt wird in den letzten Jahren zunehmend unter dem Sammelbegriff Mobbing beschrieben und erforscht. Durch oft grausames Mobbing terrorisieren Kollegen oder Chefs ihre Opfer in Form von Intrigen oder sonstigen Macht- und Psychospielchen: Letztere werden geschnitten, verspottet, mit gezieltem Rufmord geschädigt oder mit sinnlosen Aufgaben bedacht.

Der Arbeits- und Organisationspsychologe und Mobbingexperte Oswald Neuberger beschreibt die Vielfalt von Mobbing-Aktivitäten sinngemäß folgendermaßen:

Angriffe auf die Möglichkeiten, sich mitzuteilen: Man wird ständig unterbrochen; Telefonterror, der Vorgesetzten oder Kollegen verhindert, daß man sich äußert.

Angriffe auf die sozialen Beziehungen: Man wird wie Luft behandelt; man läßt sich nicht ansprechen; man spricht nicht mehr mit dem/der Betroffenen.

Angriffe auf das soziale Ansehen: Man macht jemanden lächerlich, man verbreitet Gerüchte, macht sich über eine Besonderheit (Privatleben, Nationalität, politische oder religiöse Einstellung) lustig; sexuelle Annäherungen oder verbale sexuelle Angebote inklusive des Gebrauchs obszöner Schimpfworte oder andere entwürdigende Ausdrücke.

Angriffe auf die Qualität der Berufs- und Lebenssituation: Man gibt dem Betroffenen sinnlose oder gar keine Arbeitsaufgaben (kränkende, ständig neue, weit unter dem Niveau liegende Tätigkeiten).

Angriffe auf die Gesundheit: Zwang zu gesundheitsschädlichen Arbeiten; Androhung körperlicher Gewalt oder Anwendung leichter Gewalt, um jemanden einen Denkzettel zu verpassen; man verursacht Kosten für den/die Betroffenen oder direkten materiellen Schaden: Zerkratzen des Autos, Zerschneiden von Arbeitskleidung oder ähnliches.

Bei den Betroffenen kommt es zunächst zu diffusen Ärger-, insbesondere aber Unsicherheits- und Angstgefühlen, die schnell zu Unzufriedenheit, Resignation, Konzentrationsschwäche, Aggression gegen andere, zunehmenden Leistungsschwankungen und psychosomatischen oder psychischen Störungen führen können. Da Gespräche mit mobbenden Mitarbeitern und Kollegen oder dem Chef erfahrungsgemäß wenig oder nichts bringen, sollte das Mobbingopfer nicht zögern, Hilfe von außen zu holen: entweder bei Personal- und Betriebsräten, den Gewerkschaften, vor Gericht oder bei einer der vielen Selbsthilfegruppen.

6. Sport und Aggression

Die zentrale Frage zu dem Zusammenspiel zwischen Sport und Aggression lautet: Fördert Sport Aggressivität, oder werden durch Sport Aggressionspotentiale abgebaut? Während manche Wissenschaftler wie der Tübinger Sportpsychologe Rainer Singer der Ansicht sind, Sport könne natürliche Feindseligkeiten, Aggressivität und Rivalität abbauen sowie Gewalt und Verbrechen verringern, verweisen andere beispielsweise auf Randale des Fußballpublikums oder den tatsächlichen Fußballkrieg 1969 zwischen Honduras und El Salvador, der in Krawallen anläßlich eines Spiels beider Länder seinen Ausgang nahm. Die Befürworter der »Katharsis-These« die an eine aggressionslösende Wirkung des Sports glauben, verloren in den letzten Jahren allerdings an Einfluß: Es hat sich wiederholt bestätigt, daß aggressives Handeln auch im Sport nicht zum Abbau, sondern zur Zunahme von Aggressivität führt. Gesellschaftliche Entwicklungen, so das Fazit vieler Sportsoziologen und Psychologen, spiegeln sich auch in aggressivem Verhalten beim Sport wider. Für den holländischen Sportpsychologen Fred Bakker beispielsweise scheint die Bedeutung von »Fair play« in den meisten Sportarten zugunsten einer »technokratischen Moral« unterdrückt zu sein. Auch im Gewaltgutachten der von der Bundesregierung eingesetzten unabhängigen Gewaltkommission zum problematischen Aspekt »Sport und Gewalt« heißt es ausdrücklich, daß die von den Fußballspielern verinnerlichte Moral des »fairen Fouls« auch die Erwartungshaltung der Zuschauer beeinflusse und Regelverletzungen im Interesse des Erfolgs der eigenen Mannschaft als »legitim angesehen und entsprechend gefordert« werden.

Den Zusammenhang zwischen Sport und Aggression untersuchten Wissenschaftler insbesondere am Beispiel des Massenphänomens Fußball. Der Sportsoziologe Gunter Pilz konnte beispielsweise nachweisen, daß nach dem Besuch eines Fußballspiels allgemein die Bereitschaft zu aggressiven Handlungen ansteigt, insbesondere bei hektischen und aggressiv-kampfbetonten Spielen mit vielen Fouls und gelben oder roten Karten. Mit anderen Worten: Gewalt auf dem Rasen kann die Aggressionsbereitschaft auf den Rängen verstärken – und umgekehrt. Hier entsteht insgesamt ein gefährlicher Kreislauf, der nur sehr schwer zu durchbrechen ist: die Fußballspieler foulen »geplant« für den eigenen Erfolg, die Zuschauer wiederum erwarten von den Sportlern, daß sie für den sportlichen Erfolg auch die Regeln übertreten. Der Sportsoziologe Pilz weist darauf hin, daß unter umgekehrten Vorzeichen dabei auch die vielen verbalen Gewaltakte vom sogenannten »normalen Publikum« nicht ignoriert werden dürften, weil man damit die wichtige Rolle dieses »emotionalen Aufputschens im Stadion« für die Gewalt nach dem Spiel übersehen würde. Gerade in unteren Spielklassen führt die Gewalt auf dem Rasen besonders häufig zu Aggressionen selbst sonst besonnener erwachsener Menschen – also derjenigen, die von offiziellen Verbänden wie den Vereinen gerne als die »wahren, die echten Fans« bezeichnet werden.

Dieser Teufelskreis der Aggression gilt nicht nur für den Fußball, sondern in ähnlicher Form für alle Publikumssportarten. Die Experten weisen nachdrücklich darauf hin, daß insbesondere eine falsche Bewertungsskala zur »aggressiven Entartung« des Verhaltens von Spielern und Zuschauern führe. Der Erfolg eines Spiels werde ausschließlich an Sieg oder Niederlage gemessen, nicht aber an der davon unabhängigen Leistung der einzelnen Spieler oder der gesamten Mannschaft. Bereits der Schulsport fördert aggressive Tendenzen, indem er den Wettbewerbscharakter überbetont: »Andere Werte wie die Fairness des Spiels, Spieltechnik und Spielcharakter, die Ästhetik des Zusammenspiels und die menschliche Kooperation mit den Mannschaften treten zurück.«

Zu kritisieren sei zudem die aggressive und häufig quasi-militärische Kampfsprache im Sport. Formulierungen wie Schlachtenbummler, Schlachtgesänge oder Bombe drückten die Gewaltbereitschaft nur allzu deutlich aus.

7. Gewaltverbrechen

Unter Gewaltverbrechen fallen strafrechtlich folgende Taten: Mord, Totschlag, Tötung auf Verlangen, Kindstötung, Vergewaltigung, Raub, räuberische Erpressung, räuberischer Angriff auf Kraftfahrer, Körperverletzung mit Todesfolge, gefährliche und schwere Körperverletzung, Vergiftung, erpresserischer Menschenraub, Geiselnahme sowie ein Angriff auf den Luftverkehr.

Ein Blick in die Verbrechensstatistik zeigt, daß in der Bundesrepublik die sogenannte Kriminalitätsbelastungsziffer, die Anzahl der Delikte pro 100.000 Einwohner, teilweise dramatisch gestiegen ist. Während Anfang der sechziger Jahre einer von 1.200 Menschen einem Gewaltverbrechen zum Opfer fiel, passiert dies in den neunziger Jahren bereits einem von etwa 500 Menschen. Die Wahrscheinlichkeit hat sich also in den letzten 30 Jahren verdoppelt. Der Psychologieprofessor und Direktor der Kriminologischen Zentralstelle Rudolf Egg kommt zu folgenden Einschätzungen des gesamtgesellschaftlichen Gewaltphänomens:

1. Im längerfristigen Verlauf weist die Mehrzahl der Gewalttaten in Deutschland eine grundsätzlich zunehmende Tendenz auf, wobei sich aber auch Schwankungen, Stagnation und zeitweilige Rückgänge finden lassen.

2. Dieser Anstieg ist besonders bei leichten und mittelschweren Gewalttaten feststellbar, weniger bei besonders schweren Gewalttaten.

3. Seit 1990 ist fast durchgängig ein teilweise sehr deutlicher Anstieg der polizeilich registrierten Gewalttaten nachzuweisen.

Dabei weist er darauf hin, daß sich das Phänomen Gewalt in unserer Gesellschaft einer letztlich umfassenden

Mord

Ein Mord geschieht in mindestens drei von vier Fällen als sogenannter Konflikt- oder Beziehungsmord, d. h., er wird von nahen Verwandten oder Bekannten des Opfers verübt.

Der bekannte Kriminologe Wolf Middendorf urteilt über die Persönlichkeit des Mörders folgendermaßen: »Diese intime Beziehung zwischen Täter und Opfer ist nicht nur letzte Ursache des Mordes – man hat die Intimität als die ›Brücke der Gewalttätigkeit‹ bezeichnet –, das Opfer erleichtert, fördert, ja provoziert oftmals die Tötung und erkennt nicht die wachsende Gefahr, beschimpft oder bedroht noch den Täter oder demütigt ihn und wirft damit gleichsam den letzten Funken ins Pulverfaß.«

Viele dieser intimen Morde, die meist am Ehepartner, dem oder der Geliebten, den Eltern, den Kindern, Kollegen oder Freunden begangen werden, gehen als Leidenschaftsdelikte auf einen plötzlichen Gefühlsausbruch und Affekt zurück. Sie können aber auch die Form von scheinbar überlegten Handlungen annehmen, wenn sich die Spannungen über einen längeren Zeitraum aufgebaut haben.

Gesamtbeurteilung entziehe. So sei die Beschaffungskriminalität Drogenabhängiger und das Organisierte Verbrechen mit der veränderten kriminalgeographischen Situation Deutschlands und den dadurch verstärkten internationalen Einflüssen seit der Wiedervereinigung Anfang der neunziger Jahre stark angestiegen.

Ebenso hätten die Gewaltdelikte unter Alkoholeinfluß in den letzten fünf Jahren stark zugenommen – bei fast 30 Prozent der Gewaltdelikte spielte Alkohol eine Rolle. Als auffällig bewertet er auch die Tatsache, daß in etwa 80 bis 90 Prozent der Fälle Männer die Gewalt ausüben.

Bei vielen Gewalttätern wird eine sogenannte »antisoziale Persönlichkeitsstörung« diagnostiziert. Mit dem Begriff der antisozialen Persönlichkeit, früher als Sozio- oder Psychopath bezeichnet, charakterisieren Psychologen heute Individuen, die alle normalen Empfindungen im zwischenmenschlichen Erleben vermissen lassen (Schuld, Liebe, Sensibilität, Reue, Sorge etc.). Als antisoziale Persönlichkeiten gelten ungefähr zwei bis drei Prozent der erwachsenen Männer und weniger als ein Prozent der Frauen. Sie können keine anhaltenden, engen, warmen und verantwortungsvollen Beziehungen zu Familie, Freunden oder Sexualpartnern aufnehmen oder aufrechterhalten.

Neuere Forschungen zeigen, daß es antisoziale Persönlichkeiten auffallend häufig unterlassen, Schmerz- oder Strafreizen auszuweichen. Da ihr EEG (Elektroenzephalogramm) dabei ausgesprochen niederfrequente Hirnstromwellen aufweist, nehmen Wissenschaftler an, daß diese Menschen, ihr unbefriedigend gereiztes Gehirn zu stimulieren versuchen. Antisoziale Personen sind häufig reizbar und aggressiv. Das fehlende Einfühlungsvermögen läßt sie keine Gewissensbisse empfinden, sie scheinen Kränkungen, Diebstähle oder Mißhandlungen im Gegenteil sogar als gerechtfertigt anzusehen.

III. Ursachen menschlicher Destruktivität

1. Aggression als Trieb?

Die Aggressionsforschung unterscheidet im wesentlichen drei grundlegende Ansätze und Modelle: Aggressives Verhalten entsteht, neben einem vermeintlichen inneren »Aggressionstrieb«, entweder als Folge von Frustrationen oder von Lernprozessen.

Vor allem der in der Fachwelt nicht unumstrittene Zoologe und Verhaltensforscher Konrad Lorenz machte sich

---

Populäre Vorstellungen über die Ursachen von Aggressionen

1. „Durch falsche Erziehung." 94%
2. „Durch die vielen Probleme und Ärgernisse des Alltags." 93%
3. „Weil viele Menschen nicht gelernt haben, sich anders zu verhalten." 91%
4. „Aufgrund von ungünstigen Lebensbedingungen." 90%
5. „Durch Gewaltdarstellungen in Film und Fernsehen." 86%
6. „Weil es oft einfacher ist, sich aggressiv zu verhalten." 73%
7. „Weil man es von anderen vorgemacht bekommt." 67%
8. „Weil man sich damit leichter durchsetzen kann." 65%
9. „Weil jeder Mensch aggressive Antriebe in sich hat, die er von Zeit zu Zeit abreagieren muß." 62%
10. „Weil der Mensch einen Aggressionstrieb hat." .. 61%
11. „Aus Mangel an gutem Willen." 47%
12. „Weil man damit mehr erreichen kann." 41%
13. „Durch schlechte Veranlagung." 11%

---

mit seinem Bestseller »Das sogenannte Böse« zum Wortführer der Auffassung, daß der Mensch von der Natur mit einem Aggressionstrieb ausgestattet worden sei. Nach dieser Theorie gehören Aggression und Gewalttätigkeit zur genetischen Grundausstattung des Menschen.

Für die Gruppe der Triebtheoretiker in der Aggressions- und Gewaltforschung stellt Aggression einfach eine festgelegte Verhaltensbereitschaft dar. Gemäß diesem einfachen psychohydraulischen Energiemodell oder umgangssprachlich »Dampfkesselmodell« werden im Organismus ständig aggressive Triebenergien gebildet, die sich so lange aufstauen, bis sie durch einen Reiz ausgelöst werden, und es zur sogenannten Abfuhr der Aggression kommt.

Aus diesem Modell folgerte Konrad Lorenz, daß es keinen Sinn hat, durch Erziehung auf das Aggressionsverhalten einzuwirken. Er forderte daher, daß der Mensch seinen Aggressionstrieb ersatzweise befriedigen soll, wie es beim Militär oder im Kampfsport schon länger praktiziert wird.

Man erkennt heute klarer, daß menschliche Aggression ebenso wie Angst oder Ekel auf evolutionär verwurzelten, neurobiologischen Grundlagen beruht. Doch trotzdem reduzierte eine Vielzahl von empirischen Befunden den angeblichen Aggressionstrieb auf einen unhaltbaren Mythos.

In der Verhaltensforschung gilt es zwar als gesichertes Wissen, daß eine angeborene aggressive Verhaltensfähigkeit von Vorteil ist, etwa um den Widerstand seiner Beute zu überwinden, um die Gunst eines Weibchens oder knappe Ressourcen zu erkämpfen, die Gruppe und den eigenen Nachwuchs zu verteidigen. Biologie in diesem Sinne darf allerdings nicht als unabänderlich festgelegtes Schicksal mißverstanden werden.

Zieht man beispielsweise neugeborene Katzen entweder isoliert, gemeinsam mit dem Muttertier oder zusammen mit Erbfeinden wie Mäusen oder Ratten auf, dann verhalten sich nur diejenigen Katzen aggressiv, die dies von ihren Müttern gelernt haben. Dagegen entwickelten die Jungkatzen, die mit dem eigentlichen Erbfeind aufgewachsen waren auch dann noch kein Bedürfnis nach Mäusejagd, wenn sie es später bei ihren eigenen Artgenossen beobachten konnten.

2. Frustration und Aggressivität

In wissenschaftlicher Hinsicht bleibt bei dem insbesondere von Lorenz vertretenen Ansatz, Aggressivität und Gewalt als Trieb- oder Instinktgeschehen zu erklären, ein elementares Problem ungelöst: Die theoriestützenden Behauptungen entziehen sich einer empirischen Überprüfung. Dies führte in den dreißiger Jahren zur Formulierung einer Theorie, die die Aggressionsforschung bis heute nachhaltig beeinflußt hat: die sogenannte Frustrations-Aggressions-Theorie des Psychologieprofessors John Dollard.

Nach dieser Theorie ist Aggression kein automatischer, im Organismus entstehender Trieb, sondern im Gegenteil die Folge von bestimmten äußeren, frustrierenden Ereignissen. Als Frustrationen gelten in der Psychologie im wesentlichen:

– Störung einer zielgerichteten Aktivität des Individuums, was in aller Regel zu einem Mißerfolg oder Scheitern der Handlung führt.

– Erfahrung von Mangelzuständen und Entbehrungen sowie

– Angriffe, Belästigungen oder Provokationen allgemeiner Art.

In der ursprünglichen Fassung der Frustrations-Aggressions-Theorie ging Dollard davon aus, daß

1. Aggression immer eine Folge von Frustrationen sei und
2. Frustrationen immer zu einer Form von Aggression führen.

Diese Theorie wirkte sich in der Folge sehr stimulierend auf die Aggressionsforschung aus. Aufgrund zunehmender Widersprüche in der absoluten Formulierung (immer) entwickelte sich aber ein differenzierteres Bild – Frustration kann nämlich beispielsweise auch zu vollkommen nicht-aggressiven Reaktionen wie Suche nach Ersatzhandlungen, Apathie, konstruktiven Lösungsbemühungen durch gesteigerte Motivation oder sogar Humor bewirken. So gilt heute die These, daß Fustrationssituationen und -erfahrungen verschienene Verhaltensweisen auslösen, von denen eine die Aggression sein kann.

Der amerikanische Sozialpsychologe Leonard Berkowitz formulierte konkreter: Eine Frustration endet insbesondere dann in einer aggressiven Reaktion, wenn sie Gefühle wie Ärger oder Wut hervorruft. Zwar muß dies noch nicht zwangsläufig zu einer Aggression führen, es wird aber sehr wahrscheinlich, wenn gewisse äußere Auslösereize hinzukommen. Berkowitz erregte dabei viel Aufsehen mit Untersuchungen, in denen sich wiederholt zeigte, daß die reine Präsenz von sogenannten aggressiven Hinweisreizen als aggressionsfördernde, verstärkende oder gar auslösende Schlüsselreize wirken könne: So veranlaßt beispielsweise allein die Tatsache, daß in einem Zimmer eine Waffe auf dem Tisch liegt, Menschen dazu, aggressiv und feindselig zu reagieren.

Beispiele für solche kulturell mit Aggressivität assoziierten Symbole sind neben Waffen auch Kampflieder und -parolen.

Mit der Sündenbock-Theorie versuchen viele Verhaltensforscher und Sozialwissenschaftler heute vor allem

Sündenbock-Theorie

Im Frustration-Aggressions-Modell spielt die Sündenbock-Theorie eine große Rolle. Sündenböcke sind bildlich gesprochen Prügelknaben, an denen Aggressionen stellvertretend abreagiert werden.
Für den Gewaltforscher Hans-Peter Nolting kommen dabei im wesentlichen folgende Gruppen in Frage:

– Die Person wird ohnehin nicht gemocht (persönliche Abneigung, Gegnerschaft).
– Die Personen werden irgendwie mit der ursprünglichen Frustrationsquelle in Verbindung gebracht.
– Es erscheint ungefährlich, die Personen anzugreifen.
– Es erscheint moralisch gerechtfertigt, sie zu attackieren.

Handelt es sich bei den Sündenböcken um ausgesprochene Minderheiten, kommt hinzu, daß sie in bezug auf Aussehen, Sprache, Glauben oder Gewohnheiten andersartig sind, und ihre fremden Anschauungen die eigenen Überzeugungen bedrohen.
Bei dieser Reaktion handelt es sich um einen elementaren psychologischen Abwehrmechanismus, mit dem das Individuum eigene negative Anteile, Wünsche, Eigenschaften, Gedanken und Gefühle auf andere Menschen überträgt, auf sie projiziert. In aller Regel meint man dann auch tatsächlich, diese negativen Dinge bei den Fremden wahrzunehmen.

rassistische Übergriffe und Aggression oder Gewalt gegen Ausländer zu erklären.

So geraten Ausländer in die Rolle der Sündenböcke, weil sich gegen sie die eigene Enttäuschung und Wut richten kann, die aus anderen Quellen stammt und andere Ziele hat. Als Ursachen gelten im wesentlichen die zunehmende wirtschaftliche Angst vor Arbeitslosigkeit, die tiefen Verunsicherungen und Ängste vor gesellschaftlichen Veränderungen (Wertewandel) und sozialer Ausgrenzung sowie Ängste vor Natur- und Umweltkatastrophen unvorstellbaren Ausmaßes. Vor diesem problematischem Hintergrund ist es für den einzelnen entlastend, seine ihm selbst oft nur diffus wahrnehmbaren Unsicherheiten und belastenden Gefühle auf ein klar definierbares Opfer zu richten, das angeblich an allem Schuld ist und deshalb bekämpft werden müsse.

3. Aggression als gelerntes Verhalten

Der kanadische Psychologieprofessor Albert Bandura entwickelte in den sechziger Jahren eines der wichtigsten Konzepte der Sozialpsychologie dieses Jahrhunderts: die Theorie des sozialen Modell-Lernens, nach der jegliches Verhalten als Folge von Nachahmung – und Belohnung – erlernt wird.

Die Theorie des Beobachtungs- oder Imitationslernens besitzt für praktisch alle Bereiche zwischenmenschlichen Verhaltens große Bedeutung, so auch für aggressives Verhalten. Für die Aggressionsforschung lautet die grundlegende These: Aggressives Verhalten läßt sich nicht auf spezielle Impulse zurückführen, sondern wird aufgrund sozialer Erfahrungen erworben und gelernt.

Bandura unterscheidet dabei wesentlich zwischen der Aneignung und der Etablierung aggressiven Verhaltens: Während Modelle als Vorbilder funktionieren, die den Erwerb neuer Verhaltensweisen stimulieren oder hervorrufen, sorgen Erfolge im weitesten Sinne dafür, dieses Verhalten auch dauerhaft einzusetzen.

In der Aggressionforschung spielt dieses Konzept heute eine dominierende Rolle.

Lernen am Modell

Vom Lernen am Modell spricht Bandura dann, wenn sich bei einem Menschen eine relativ überdauernde Veränderung seines Verhaltens als Folge der Beobachtung eines Modells einstelle.

Lernen oder Aneignung bezieht sich zwar im wesentlichen auf beobachtbares Verhalten, beinhaltet aber auch andere zwischenmenschliche Formen wie sprachliche Äußerungen oder emotionale Ausdrucksformen. Gelernt wird im allgemeinen über Beobachtung, Nachahmung und Imitation oder Phantasieren.

Das Lernen am Modell zählt zu den existentiellen Formen menschlichen Daseins, das bereits von Anfang an die individuelle und soziale Entwicklung beeinflußt. So reagieren schon kleine Säuglinge mit Nachahmungsverhalten auf sozialen Kontakt. Als Modelle gelten vor allem Eltern, Geschwister, Lehrer, Freunde und »Peer-Groups« (Jugendgruppen), Vorbilder oder Massenmedien.

Lernen am Erfolg

Lernen am Erfolg oder Effekt bedeutet: Wenn ein Verhalten aus der Sicht des Handelnden zu einem Erfolg geführt hat, dann wird er dieses Verhalten wiederholen. Lernen am Erfolg bewirkt schon sehr früh, daß durch Nachahmung Gelerntes beibehalten wird: Schon ein Kleinkind lernt, mit relativ einfachen (aggressiven) Verhaltensweisen Erfolge zu erzielen, beispielsweise die Aufmerksamkeit der Eltern durch Schreien zu erreichen.

Psychologen betonen dabei, daß Mißerfolge gelerntes Verhalten keineswegs in gleichem Maße verhindern oder hemmen, wie Erfolge es fördern. Vielmehr gilt das Prinzip der intermittierenden Verstärkung: Rückfälle und Mißerfolge machen nicht viel, wenn das Verhalten wenigstens ab und zu erfolgreich ist. Diese Erkenntnis hat vor allem auch Bedeutung für die vermeintlich abschreckende Wirkung von Strafen: Diese zeigen insbe-

Modell des sozialen Lernens

Aufmerk-samkeit	Gedächtnis	Motorische Reproduktion	Motivation
Modellierungsreize	symbolische Kodierung	körperliche Fähigkeiten	äußere, direkte Verstärkung
Auslösung von Betroffenheit	innere Repräsentation	Verfügbarkeit d. Teilreaktionen	stellvertretende Verstärkung
Komplexität	symbolische Wiederholung	Feedback der Genauigkeit durch Selbstbeobachtung und Außenstehende	Selbstverstärkung
Bedeutsamkeit			
Merkmale des Beobachters			
Wahrnehmungsfähigkeit			
Aktivierungsgrad			
Motivation			
Wahrnehmungshaltung			
frühere Verstärkung			

sondere dann geringe Wirkung, wenn sie nur ab und zu erfolgen, das Verhalten ansonsten aber zum gewünschten Ziel führt.

Daß aggressives Verhalten gelernt und beibebalten wird, erklärt diese Theorie mit den positiven Folgen für den Aggressor:

- Man kann den Gegner treffen, der eigenen Stärke Ausdruck verleihen. Das Selbstwertgefühl steigt.
- Es ist möglich, daß der aggressiven Handlung ein spannungsvoller innerer Konflikt (zwischen aggressiven und nicht-aggressiven Verhaltenstendenzen) vorausging, der nun vorerst beendet ist.
- Die aggressive Vergeltung – Rache – schafft einen scheinbar gerechten Ausgleich.

Jugendliche und Gewalt

Vor dem Hintergrund der Prinzipien des sozialen Lernens – Lernen am Modell und Lernen am Erfolg – kann man auch verdeutlichen, warum Gewalt etwa für Jugendliche attraktiv erscheint. So unterscheidet man folgende Aspekte, die Gewalt für diese Altersgruppe faszinierend erscheinen lassen:

– Gewalt erweist sich aufgrund von Sozialisation als ein erfolgreiches Handlungsmodell.
– Gewalt schafft Eindeutigkeit in unübersichtliche Situationen.
– Gewalt ist eine augenblicklich wirkende Demonstration der Überwindung von Ohnmacht.
– Gewalt garantiert Fremdwahrnehmung und Aufmerksamkeit, die mit anderen Mitteln nicht mehr herstellbar war.
– Gewalt schafft zumindest kurzfristig Solidarität und Gruppenzusammenhalt.

Es kommt hinzu, daß Gewalt als körperliche Auseinandersetzung und Bedrohung einen Zustand der Spannung schafft, der rauschartig erlebt werden kann: Ein sogenannter Flow-Zustand, in dem der Kick, Thrill oder sprichwörtliche Nervenkitzel ein intensives Aufgehen in der Situation ermöglicht.

Im Gegensatz zu normalen Flow-Tätigkeiten wie Bergsteigen, Musikspielen oder Tanzen wird der Rausch an der Gewalt von Psychologen zunehmend als sogenannte Borderline-Problematik diskutiert und untersucht. Gewaltpersönlichkeiten leiden danach vor allem unter einem neurotischen Defizit an selbstwertbezogenen Emotionen. Sie können sich in der Wirklichkeit nur dann noch ihrer Identität versichern, wenn sie sich härteste Reize verschaffen.

Mit den Befunden der sozialen Lerntheorie wird somit deutlich, daß insbesondere in der Kindererziehung eine Laissez faire-Haltung nicht aggressions- oder gewaltverhindernd ist. So warnt der Aggressionspsychologe Ulrich Petermann nachdrücklich: Die Duldung aggressiven Verhaltens durch Eltern, Lehrer und andere Erwachsene wirke auf Kinder verstärkend, da sie aus dieser Haltung eine stillschweigende Zustimmung zur Aggression ableiteten.

Zusammen mit anderen schlechten Vorbildern – aggressive Umgangsformen in der Familie etwa – könne dies für Kinder sehr gewaltfördernd wirken.

4. Horror-TV:
Gewalt in den Medien

Es ist eine Tatsache, daß das Medium Fernsehen ausgesprochen gewalttätige Beiträge sendet. Nach einer Untersuchung der Medienpädagogen Jo Groebel und Uli Gleich ereigneten sich 1993 auf deutschen Fernsehschirmen rund 4.000 Morde – pro Woche. In wenigstens jeder zweiten Sendung gab es Szenen, in denen Menschen oder Tiere absichtlich geschlagen, provoziert, gedemütigt oder in anderer Weise geschädigt wurden. Wenn man sich auf die reinen Gewaltszenen der sechs größten deutschen Fernsehsender in einer Woche beschränken würde – der Gewaltanteil bei den privaten Sendern ist doppelt so hoch als bei den öffentlich-rechtlichen –, könnte man einen Film von mehr als 25 Stunden Länge zusammenschneiden.

Ein Mords-Programm also, das auch von den Kindern und Jugendlichen gesehen wird. Einige schlichte Zahlen: Nach repräsentativen Untersuchungen sahen 1993 sechs- bis 13jährige Kinder durchschnittlich 109 Minuten lang fern; dabei konsumieren die Kleinen das Medium keineswegs nur nachmittags: Jedes fünfte Kind sitzt auch noch abends zwischen 19.00 und 21.00 Uhr vor dem Fernseher, 14 Prozent sogar noch zwischen 21.00 und 22.00 Uhr.

In der Aggressionsforschung kann man im wesentlichen mit vier verschiedenen Ansätzen untersuchen, ob und wie die Medien auf die Psyche und Persönlichkeit der jungen Gewaltkonsumenten wirken:

- Inhibition: Die Vertreter dieser Verhinderungsthese sind der Meinung, wer Gewalt beobachte, identifiziere sich instinktiv mit dem Opfer – die Folge seien Hemmungen, selbst gewalttätig zu werden.

- Katharsis: Die Anhänger dieses Läuterungsansatzes gehen davon aus, daß das Betrachten von Gewalt reinigenden Charakter habe.

- Habitualisierung: Die These der Gewöhnung. Wer ständig beobachte, daß Gewalt ein vermeintlich angemessenes Mittel zur Konfliktlösung sei, übernehme diese Sichtweise irgendwann auch für sein eigenes Leben.

- Imitation und Stimulation: Für die Vertreter der Vorbild- oder Modellthese steht es außer Frage, daß die häufige Beobachtung medialer Gewalt zum Nachahmen reizt und enthemmend wirkt.

Die Bedeutung dieser theoretischen Ansätze nimmt dabei in der Reihenfolge ihrer Darstellung zu: Während die positiven Inhibitions- und Katharsisthesen auf die meisten Medien- und Aggressionsforscher keinen nennenswerten Einfluß mehr ausüben, stützt die Forschung der letzten Jahre eindeutig die beiden letzten Konzepte, wonach Gewaltdarstellungen negative Auswirkungen haben können.

Die moderne Aggressionsforschung hat bewiesen, daß die Wirkmechanismen additiv sind, sich also gegenseitig hochschaukeln; insbesondere könne eine Doppel- und Dreifachdosis – Gewalt in den Medien, aggressive Umgangsformen in der Familie und dem sozialen Umfeld – extrem gewaltfördernd wirken.

Auch die Gewaltkommission der Bundesregierung warnte 1990 vor dem gewaltfördernden Einfluß in den Medien. Eine im Auftrag der US-Regierung zum Gewaltproblem durchgeführte Analyse des Jahres 1995, die über 1.300 internationale Studien ausgewertet hat, kommt zu folgendem Schluß: »Die überwiegende Mehrheit der Studien zeigt, daß der Konsum von Fernsehgewalt aggressives Verhalten fördert, kurzfristig und langfristig.«

Medienpädagogen weisen darauf hin, daß dabei sogenannte Drittfaktoren beachtet werden müssen, die die Entstehung von Gewalt begünstigen können. Zu den wichtigsten zählen:

– Darstellung von Gewalt um ihrer selbst willen
– sehr realistische Darstellung fiktiver Gewalt
– strukturelle Ähnlichkeit zwischen den in den Medien geschilderten Ereignissen und Situationen der konkreten Umwelt
– Darstellung von Gewalt im Dienste einer guten Sache
– Belohnung von Gewalt beziehungsweise fehlende Bestrafung
– Erfolg und Wirksamkeit von Gewalt
– Ähnlichkeit von Aggressor und Konsument beziehungsweise Identifikation mit dem Aggressor.

Die übereinstimmende Botschaft der Aggressionsforscher lautet daher: Gewaltbetrachtung befreit nicht von Gewalt, sie fördert Gewaltneigung, weil sie die Zuschauer gegenüber Gewalt abstumpfen lasse, die Hilfsbereitschaft reduziere und Gewalt als Problemlösungsmittel verharmlose. Der Psychologieprofessor Friedrich Lösel, renommierter Aggresssionsforscher und Mitglied der Gewaltkommission, weist nachdrücklich darauf hin, daß die bedeutendsten negativen Auswirkungen gehäufter Gewaltdarstellungen aber indirekter Art seien: Vor allem Kinder und Jugendliche gewöhnten sich an gewalttätige Handlungen und betrachteten sie als etwas Normales.

Eine Untersuchung des amerikanischen Psychologen Leonard Eron, Vorsitzender des Amerikanischen Psychologenbundes gegen Gewalt und Jugend, gewinnt dabei besonderes Gewicht, weil sie die Langzeitfolgen von TV-Gewalt dokumentiert. Das Fazit seiner über 20 Jahre dauernden Langzeitstudie über Aggressivität und Fernsehgewalt: TV-Gewalt beeinflußt Menschen jeden Alters, jeden Geschlechts, gleichgültig aus welcher sozialen Schicht sie kommen und wie intelligent sie sind.

Die dargestellte Dauergewalt hat neben der gewaltfördernden Wirkung noch weitere negative Effekte auf die Kinder und Jugendlichen: Sie zeichnet ein dunkles Welt- und Menschenbild, was zu einer Überschätzung der tatsächlichen Gefahren führt, selbst zum Opfer zu werden – und daher Angst und Mißtrauen fördert.

5. Gewalt als Beziehungsproblem

In den letzten Jahren entwickelte die Aggressionsforschung zunehmend Ansätze, die die sogenannte interaktionistische, auf die zwischenmenschlichen Kommunikationsabläufe zielende Perspektive in den Mittelpunkt rücken.

Aggressiv sind immer die anderen

Vertreter einer interaktionistischen Aggressionsforschung argumentieren folgendermaßen: Aggressivität sei ein zwischenmenschliches Phänomen erster Ordnung, da Aggressionen immer in sozialen Situationen stattfinden. Daher müßten sie – wie alle interaktionalen, sozialen oder systemischen menschlichen Kommunikationsprozesse – aus der Wechselseitigkeit menschlichen Tuns erklärt werden.

Für die Beteiligten gilt dabei nach einem bekannten Wort der Aggressionsforscherin Anneliese Mummendey die Prämisse »Aggressiv sind immer die anderen«. In aggressiven Auseinandersetzungen sehen die meisten Menschen nämlich sich selbst praktisch immer als Opfer und nie als (Mit-)Täter: Irgendwie haben immer die anderen angefangen und provoziert. Auch wer zuerst aggressiv wurde, glaubt, der andere hätte ihn dazu gebracht.

Häufig entspringt dieses Verhalten einem Phänomen, das unsere gesamte Wahrnehmung der sozialen Welt bestimmt.

Soziologen nennen dies den fundamentalen Attributionsfehler. Während eine Person ihr eigenes Handeln nämlich prinzipiell sehr stark auf situative, äußerliche Umstände zurückführt (»ich mußte einfach so reagieren, weil es so heiß war/der andere mich angemacht hat«), wird das Handeln der anderen dagegen sehr viel stärker persönlichkeitsbezogen betrachtet (der ist eben aggressiv/hat einen schlechten Charakter).

Im Falle der Gewalt nimmt dieser fundamentale Attributionsfehler schematisch ausgedrückt folgende Begründungsform an:

1. Person A hat (grundlos) gegen mich – oder auch ebenso unschuldige andere – die Aggression/Gewalttat X begangen.
2. (Grundlose) Aggressivität/Gewalt verdient entsprechenden »Gegendruck«.
3. Folglich bin ich – oder irgendein anderer – berechtigt, gegen A aggressiv zu reagieren oder auch Gewalt anzuwenden.

Nicht nur Eltern und Lehrer kennen die Schwierigkeiten, wenn sich beispielsweise Kinder streiten und man bei bestem Willen nicht mehr beurteilen kann, wer angefangen hat. Für die Streithähne – ob Geschwister, Spiel- oder Klassenkameraden – war es natürlich immer der andere, auf dessen Provokation/Aggression man nur reagiert hat. Soziales Verhalten ist in Wirklichkeit aber nie linear auf einfache Ursache-Wirkungs-Zusammenhänge zurückzuführen, sondern immer kreisförmig und wechselseitig aufeinander bezogen.

Aggression als Mittel der Kommunikation

In ganz ähnlichem Sinne spricht der Psychoanalytiker Raymond Battegay von Gewalt als einem Mittel der Kommunikation: Was nämlich bei oberflächlicher Betrachtung als Stärke imponiere, sei im Grunde immer ein Ausdruck der Schwäche, ein verzweifelter Versuch des betreffenden Menschen, wenigstens über die den anderen zugefügte Grausamkeit noch mit seiner Umwelt in Kontakt zu bleiben und nicht in der desolaten inneren Welt zu versinken. Insofern sei Aggression – auch in ihren destruktivsten Formen – letztlich wohl immer ein Mittel der Kommunikation: Man braucht den anderen als Opfer, demgegenüber man sich wieder stark fühlen könne. Dafür spricht beispielsweise auch die Tatsache, daß gewaltbereite Menschen gezielt provozieren, um sich Gelegenheit zur Gewaltausübung zu verschaffen.

Diese kommunikationsbezogene Sichtweise teilt auch der bekannte Aggressionsforscher und Pädagogikprofessor Klaus Hurrelmann, der aufgrund seiner Gewaltstudien zu dem Schluß kommt, daß Gewalt und Aggressivität eine soziale Krankheit der ganzen Gesellschaft seien und nicht isoliert auf eine einzelne Institution zurückgeführt werden könnten. Wenn nämlich Menschen An- und Übergriffe auf die körperliche, psychische und soziale Unversehrtheit ausüben würden, dann

Aggressivität
nach Alfred Adler

Alfred Adler, der Gründer der heute wieder zunehmend an Bedeutung gewinnenden Individual-Psychologie, interpretiert Aggressivität immer als Ausdruck eines tieferliegenden Machtstrebens und damit als Charakterschwäche.

Nach der Individualpsychologie Adlers entwickelt jeder Mensch aufgrund von Minderwertigkeitsgefühlen oder Frustrationen in der Kindheit einen fundamentalen, unbewußt bleibenden Lebensplan. Dieser ist entweder stärker von einem nicht-aggressiven, mitmenschlich orientierten Gemeinschaftsgefühl oder aber von einem aggressiven Geltungs- und Machtstreben gekennzeichnet.

Aggression stellt für Adler daher keine Naturkonstante dar, sondern den individuellen Versuch, eigene Unzulänglichkeiten, Schwächen und Ängste auszugleichen. Aggressives und anti- oder asoziales Verhalten gilt als Ausdruck eines ungenügend entwickelten Gemeinschaftsgefühls und als Versuch, die erlebte Minderwertigkeit durch ein Gefühl der imaginierten Größe, Macht und Überlegenheit über andere zu ersetzen.

Adler geht von der Annahme aus, daß der Mensch ein von Grund auf soziales Wesen ist. Nur wenn das Gemeinschaftsgefühl aufgrund mißglückter Erziehung oder deprimierender Umwelteinflüsse schwach entwickelt wird, kommt es zu Minderwertigkeitsgefühlen, die durch aggressives Machtstreben ausgeglichen werden sollen.

Im Gegensatz zu der auf Ausgleich bedachten Entfaltung und Kultivierung des Gemeinschaftsgefühls zielt das Machtstreben auf Überlegenheit. Bei aggressivem Verhalten handelt es sich laut Adler immer um eine krankhafte, neurotische Überkompensation und Herrschsucht, hinter der sich Angst, Schwäche und Unsicherheit verbergen.

Adler erläuterte die Nuancierungen seines Modells vor allem an Studien über aggressive Eitelkeit, Ehrgeiz, Eifersucht, Neid, Geiz und Haß. In diesem Sinne läßt sich auch die Aggressivität rechtsorienter Jugendlicher als kompensatorische Gewalttätigkeit begreifen, da der Gewalttäter auf Kosten der Opfer sein Selbstbewußtsein festigt. Ein solcher Mensch, analysierte Erich Fromm, brauche nur einen »Revolver, ein Messer oder überlegene körperliche Kräfte«, und er könne über das Leben verfügen, indem er es zerstöre: »Auf diese Weise rächt er sich am Leben dafür, daß es sich ihm versagt.«

signalisieren sie für Hurrelmann zugleich auch eine Unfähigkeit und eine absolute Verunsicherung in ihrem Handlungsrepertoire: Aggressivität sei daher als ein Versuch zu verstehen, sich aus einer eigenen bedrängten und belastenden Situation durch eruptive und Ausbruchshandlungen zu befreien, auch wenn dies völlig untauglich sei.

Empirisch arbeitende Psychologen stützen heute Alfred Adlers Menschenbild und seine Theorie: So kommt beispielsweise der Bremer Aggressionsforscher Ulrich Petermann zu der Einschätzung, daß es häufig sozial inkompetente Menschen sind, die wesentlich aus Angst und Schwäche Aggressionen entwickeln.

Diese »beziehungsbezogenen« Hintergründe gelten insbesondere auch für die Beziehungsgewalt im aggressiven Geschlechterkampf. Der Psychotherapeut Uli Rimmler hat in der Zeitschrift »Psychologie Heute« dabei den Gewaltkreislauf im Sinne einer sich ständig weiterdrehenden komplexen Beziehungs-Gewaltspirale beschrieben:

Phase 0: »Akute Gewalt«
Im Augenblick der Gewalt verschafft sich der Mann Erleichterung von seinem emotionalen Druck. Gefühle von Angst und Ohnmacht werden dabei abgewehrt – »und dann habe ich zugeschlagen«.

Phase I: »Umschlagpunkt«
Der Mann hält inne, er spürt Entsetzen und Erschrecken: »Was habe ich getan?« Seine Selbstkontrolle setzt wieder ein.

Phase II: »Reue«
»Es kommt nie wieder vor.« Er redet auf die Partnerin ein, bis sie einlenkt, vielleicht schenkt er ihr am nächsten Tag Blumen.

Phase III: »Entlastung«
Der Mann verhält sich zuvorkommend und freundlich: »Es war zwar nicht gut, was ich getan habe, aber schließlich hat sie sich auch falsch verhalten.«

Phase IV: »Normalität«
Über die gewalttätigen Vorfälle schweigen beide Partner. Alltäglichkeiten stehen im Vordergrund, wobei eine wirkliche Aufarbeitung der Probleme nicht stattfindet.

Phase V: »Gewitterwolken«
Obwohl wieder alles in Ordnung scheint – und die Paare sich teilweise wieder als »verliebt« wahrnehmen können –, bauen sich nach und nach erneut Aggressionen auf, da die eigentlichen Konflikte nicht gelöst sind: Es ist nur eine Frage der Zeit, bis die alten Wunden wieder aufgerissen werden.

Phase VI: »Gewaltakt 2« – »Rückfall«
Die Eskalation beginnt wieder, wenn ein bestimmter ge-

waltfördernder Auslöser aktiviert wird. Das kann ein Wort, ein Satz, eine Geste oder eine bestimmte Handlung sein – es ist der Tropfen, der das Faß zum Überlaufen bringt.

Angst und Aggression

Ängstlich (unsicher) im Umgang mit anderen

Übermäßige Erwartung hinsichtlich sozialer Anerkennung, übersensibel gegenüber Bedrohung, Ungewißheit hinsichtlich zwischenmenschlicher Zuneigung

Aggression als Mittel, sich Respekt zu verschaffen (= unangemessene Selbstbehauptung)

Aggression führt zu emotionaler Erleichterung, Verringerung der Angst (= angenehmer Zustand)

Immer häufiger wird soziale Angst durch Aggression abgebaut (= Verstärkung)

Gesteigerte Aggression bewirkt Bestrafung, Vergeltung und soziale Ablehnung von seiten der Umwelt

Erhöhte Bedrohung

Aggressionsforscher haben gezeigt, daß aus Angst oder Unsicherheit resultierendes Aggressionsverhalten häufig zu einem Teufelskreis der Angst führen kann.

Psycho-Ökologie der Gewalt

In einem ähnlichen Sinne hat die Münchner Psychotherapeutin und Psychoanalytikerin Thea Bauriedl in den letzten Jahren ein zunehmend beachtetes, übergeordnetes Gewaltmodell entwickelt, das sie als »Psycho-Ökologie der Gewalt« bezeichnet. Entscheidendes Charakteristikum dieses neuen ökologischen, also im weiteren Sinne umweltbezogenen Ansatzes besteht darin, daß er Gewalt ausdrücklich als Beziehungsphänomen, als Ausdruck von gestörten Beziehungen oder destruktiven Beziehungsphantasien versteht.

Bauriedl erwartet von diesem Ansatz eine positive Veränderung der allgemeinen Einstellung zu Gewalt und Aggression. »Wenn der Betrachter einer Beziehung darauf verzichtet, in sich zu entscheiden, wer gut oder böse ist, wenn er sich statt dessen für die Qualität der Beziehung, für die offen oder versteckt mitgeteilten Gefühle, für die Ängste und Wünsche der Beteiligten interessiert, dann werden in seinem Bewußtsein die bestehenden Fronten in Frage gestellt.«

Anstelle einseitig reduzierter Urteile geht es Bauriedl bei Aggressions- und Gewaltfragen also um die Beziehungsform und die wechselseitige Bedeutung des Verhaltens der Menschen innerhalb von Beziehungen.

Gewalt als Gruppen- oder Massenphänomen

Menschen zeigen normalerweise in Gruppen ein sehr viel aggressiveres Verhalten als einzelne Personen. So würde ein Fußballfan als Einzelperson kaum mit einem ihm unbekannten Anhänger eines anderen Vereins eine Schlägerei anfangen. Das heißt aber: Gruppen- oder massenpsychologisches Verhalten läßt sich nicht auf die Eigenschaften der Individuen zurückführen – es besitzt grundlegend andere Qualitäten.

Psychologen machen für die Tatsache, daß die individuelle Aggressionsbereitschaft in Gruppen ansteigt, vor

Krieg

In der Gewaltforschung gelten folgende Aspekte als charakteristisch für den Krieg:

- feste Rollenverteilungen und Befehlsstrukturen
- systematische Belohnungen für Beteiligung und (schwere) Bestrafung für Verweigerung
- Propaganda zum Aufbau von Feindbildern, positiven (Gruppen-) Selbstbildern sowie zur Rechtfertigung der Kriegführung
- intensive Vorbereitung, Drill und Schulung für die Ausübung von Gewalt

Alle diese Komponenten findet man im Alltag und in Konflikten (etwa in Partnerschaften) praktisch nicht, da Krieg immer eine organisierte Form der Gewalt zwischen gesellschaftlichen oder nationalen Gruppen darstellt.

Der Unterschied zwischen den individuellen und den kollektiven Formen von Gewalt besteht darin, daß im Krieg das Handeln nichts oder nur wenig mit persönlichen Gefühlen gegenüber dem Gegner zu tun hat.

allem zwei Phänomene verantwortlich: Die sogenannte Deindividuation und die Dehumanisierung. Bei der Dehumanisierung soll durch die Verwendung von emotions- und verhaltensbeeinflussenden Feindbildern der Feind so weit neutralisiert, entwürdigt oder entmenschlicht werden, daß ein aggressives, gewalttätiges Vorgehen gegen ihn gerechtfertigt erscheint. Mit dem Begriff der Deindividuation beschreibt die Massenpsychologie einen besonderen Zustand individuellen Verhaltens und Denkens. Die Zugehörigkeit zur Masse führt zu einer Verminderung der Eigenkontrolle und Gewalthemmung des Individuums, da sie einen Zustand der Anonymität und Entpersönlichung suggeriert.

Die Deindividuation und Dehumanisierung spielen auch bei den als Verbrechen aus Gehorsam bezeichneten Gewalthandlungen »normaler« Menschen im Krieg oder bei Folterungen eine entscheidende Rolle. In einem der aufsehenerregendsten Experimente in der Geschichte der Sozialpsychologie konnte der Psychologe Stanley Milgram in den sechziger Jahren zeigen, daß viele Durchschnittsbürger bereit sind, einem anderen Menschen tödliche Elektroschocks zu verabreichen, wenn eine Autorität das von ihnen verlangt.

Für viele gilt das Milgram-Experiment als Beleg dafür, daß jeder normale, bürgerlich und zivilisiert lebende Mensch gewalttätig ist – oder unter bestimmten Bedingungen wird. Die Tatsache jedenfalls, daß die meisten Versuchspersonen auch dann noch gehorchten und auf andere Gewalt ausübten, wenn sie davon ausgehen mußten, diese dadurch ernsthaft zu verletzen oder gar zu töten, wirkte wie ein Schock. Es schien nun festzuste-

---

Milgram-Experiment

Im ersten Experiment zu Autorität und Gehorsam instruierte der Leiter die freiwilligen Versuchspersonen folgendermaßen: Sie seien Teilnehmer eines Experiments, in dem wissenschaftlich erforscht werden solle, wie Bestrafung das Gedächtnis beeinflusse. Sie sollten die Rolle des Lehrers einnehmen, und ihre Aufgabe bestehe darin, dem vermeintlichen Schüler jedesmal einen Elektroschock zu versetzen, wenn dieser beim Lernen einen Fehler gemacht habe.

Diese Elektroschocks wurden durch Drücken eines Schalters verabreicht; die Stromstärke selbst wurde langsam erhöht: Der Versuch begann mit 15 Volt, ging über 30, 45, 60 und so weiter hoch bis maximal 450 Volt. Um sicherzustellen, daß die Apparatur auch funktionierte, gab ihnen der Versuchsleiter einen Probeschock. Die Lehrer konnten ihre Schüler nicht sehen, hörten jedoch, wie diese bei 75 Volt zu stöhnen anfingen, bei 150 Volt baten, das Experiment abzubrechen, und bei 180 Volt zu schreien begannen. Der Mann »im weißen Kittel« – als oberste Befehlsautorität – wies die Versuchslehrer an, wann immer diese zögerten oder sich widersetzten, ihre Aufgabe und Pflicht zu erfüllen. Dann ertönte ein Poltern aus der Box – danach herrschte Ruhe. Die Schalter waren mit verschiedenen Etiketten versehen. Die Reihenfolge reichte von leichter Schock über milder, starker, sehr starker, intensiver bis zu äußerst intensiver Schock am Ende. Die Aufschrift der beiden letzten Schalter lautete XXX.

Vor dem Experiment befragte Milgram Psychiater und Psychologen dahingehend, wie sie den Ausgang der Tests einschätzen würden. Übereinstimmend sagten sie voraus, daß nur ein verschwindend geringer Teil bis zum vermeintlich tödlichen Schluß gehen würde. Die meisten legten sich dahingehend fest, daß die große Mehrheit bei 75 oder 100 Volt aussteigen würde – spätestens jedoch dann, wenn sie die Schreie hören würden.

Die Experten irrten sich mit ihrer Annahme, nur klinische Fälle würden bis zur tödlichen Dosis von 450 Volt gehen. In Wirklichkeit überschritten bei jeder Wiederholung dieses Experimentes über 50 Prozent der Versuchspersonen die tödliche Voltgrenze. Im Ursprungsexperiment drückten sogar genau zwei Drittel gehorsam den Schalter mit den ominösen XXX.

hen, daß die Banalität des Bösen überall lauert – und jeder zumindest aus Gehorsam und Pflichterfüllung heraus zum Killer und Folterer werden kann.

Die jahrelange Diskussion um dieses Experiment und die Gehorsamsforschung zeigte aber, daß die Befunde keine Bestätigung für einen angeborenen Gewalttrieb im Sinne von Konrad Lorenz sind: So konnte man beobachten, daß die allermeisten Versuchspersonen mit sich kämpften, schwitzen, zitterten und sich höchst unwohl fühlten – von daher kann man ihr Verhalten nicht einfach mit einer von Natur aus sadistischen, gewalttätigen Veranlagung erklären.

Allerdings geben die Experimente einigen Aufschluß über die situativen Bedingungen, unter denen viele Menschen zu blindem Gehorsam gegenüber Autoritäten neigen. Gehorsam wird demnach insbesondere durch folgende Faktoren gefördert:

1. Umdefinition des Bösen zum Guten

Diejenigen, die moralisch verwerfliche Taten begehen, bewerten diese in aller Regel nicht als schlecht, sondern sehen ihr Tun als ebenso vernünftig wie notwendig an – weil sie im Dienste der Wissenschaft handeln.

2. Legitime Autorität

Die Gegenwart einer Persönlichkeit oder gesellschaftlichen Autoritätsperson – Arzt, Polizist, Wissenschaftler etc. – vereinfacht den Gehorsam, da diese den Eindruck vermitteln, daß einem die Verantwortung für die Folgen der (Gehorsams-)Tat abgenommen werden.

3. Soziale Normen

Soziale Normen bestimmen, was allgemein als sozial wünschenswertes und akzeptables Verhalten gilt. Beispielsweise verbietet es die soziale Norm der Höflichkeit, in einer freiwillig aufgesuchten Situation einen

Eklat zu provozieren. So sagte eine der Versuchspersonen: »Ich möchte nicht unhöflich sein, aber sollten wir
nicht mal sehen, wie es ihm geht?«

Auch die (Experimental-)Dissidenten hielten sich noch
an die Gesetze der Höflichkeit: Niemand stand spontan
auf, um sich um das Opfer zu kümmern. Das machten
nicht einmal diejenigen, die das Experiment abbrachen.

Die Milgram-Experimente beweisen somit nicht, daß
wir alle Eichmanns und Folterer werden müssen. Aber
sie zeigen, so der Professor für Sozialethik an der Har-
vard Universität Herbert C. Kelman, daß man kein »Sa-
dist, Psychopath oder kankhafter Psychotiker zu sein
braucht, um ein Folterer zu werden«. Und der Gewaltforscher Udo Rauchfleisch etwa fordert nachdrücklich,
daß sich jeder seines eigenen Gewaltpotentials, »tief im
Innern Folterer, Mörder und Ausbeuter« sein zu können,
bewußt werden solle: Genausogut wie jeder von uns in
der Gefahr stehe, ein Opfer von Gewalt zu werden, kann
jeder auch selbst zum Gewalttäter provoziert werden.

6. Ein integriertes Aggressions- und Gewaltmodell

Mit Ausnahme der reinen Triebtheorie nimmt die
Aggressionsforschung heute eine multifaktorielle Verur-
sachung und ausdrückliche »Pluralität der Entstehungs-
mechanismen« an. Dies bestätigt auch das Gewaltgutachten der Expertenkommission der Bundesregierung.
Allgemeinverständlich ausgedrückt, bedeutet das, daß
Aggressionen und Gewalt in sehr verschiedenen Berei-
chen in unterschiedlichen Formen auftreten, für deren
Entstehung niemals nur eine einzige Ursache verantwortlich ist. Der jahrelange Streit in der Aggressionsforschung wurde durch die allgemein akzeptierte integrati-
ve Sicht abgelöst, die das Wechselspiel verschiedener
Faktoren berücksichtigt.

IV. Ist Gewalt männlich?

In der Diskussion der Frage, warum Gewalt vor allem unter den Jugendlichen zugenommen habe, wurden in den letzten Jahren insbesondere die Auflösung der - traditionellen Familie und der moralische Verfall, die gesellschaftliche Wert- und Sinnkrise (Wertdefizit-Hypothese) sowie negative Folgen gesellschaftlicher Rahmenbedingungen verantwortlich gemacht. Zusammenfassend schreibt die Forschung im wesentlichen folgenden Faktoren eine aggressions- und gewaltfördernde Wirkung zu:

1. Der Verlust familiärer Bindung, Orientierung und Geborgenheit.

2. Der Zwang zum sozialen und persönlichen Erfolg um jeden Preis in der Leistungsgesellschaft be- oder verhindert ein befriedigendes und friedliches Miteinander.

3. Die zunehmende Arbeitslosigkeit auch unter Jugendlichen schließt sie von der Teilnahme an der Gesellschaft frühzeitig aus.

4. Entfremdete und sinnentleerte Arbeitsverhältnisse führen besonders bei Jugendlichen zu hohen psychischen Belastungen und Frustrationen.

5. Bewegungsfeindliche, erlebnis- und kontaktarme Wohngebiete sowie unattraktive oder fehlende Freizeitangebote (ver)führen zu Tatenlosigkeit und verstärken das Bedürfnis nach Aktion, Spannung und Abenteuer; sie produzieren einen immer stärker werdenden, unersättlichen Erlebnishunger.

So plausibel diese Aspekte auch erscheinen mögen – und im Einzelfall sein können –, bei genauerem Hinsehen lassen sie doch noch Fragen offen: Wann war die Jugend

Integrierendes Erklärungsmodell zur Aggression
nach Nolting

In diesem "Integrierenden Erklärungsmodell zur Aggression" des Aggressions- und Gewaltforschers Nolting werden die komplexen Hintergründe und Rahmenbedingungen vielfältig miteinander verwobener Aspekte von Person und Situation sowie ihrer Entwicklung deutlich. Der bekannte Aggressionsexperte erläutert dazu:

"Die Entwicklung aller personalen Faktoren beruht überwiegend auf Lernerfahrung. Angeboren ist die Lernfähigkeit und eine Ausstattung mit elementaren Reaktionen wie der körperlichen und affektiven Aktivierung des Organismus bei unangenehmen, schädigenden Ereignissen sowie damit verbundene 'heftige' Verhaltensweisen wie Schreien. Soziale Erfahrungen bestimmen aber, welche aggressiven und welche alternativen Verhaltensformen sich stabilisieren, weiterentwickeln oder abbauen, wie häufig, für welche Ziele, bei welchen Personen und Anlässen Aggressionen eingesetzt werden."

Personale Dispositionen

Motive für Aggression
Hemmungsmotive
Verhaltensrepertoire

Lernen

Aktuelle Prozesse

Aufnehmend

Emotion — Interpretation Bewertung — Wahrnehmung

Einwirkend

Motivation — Planendes Denken — Verhalten

Situationsfaktoren

Aggressionsanreger

Frustration   Modelle Signale — Hemmungsanreger: Moralische Hinweise

Anreize   Anweisungen

→ Effekte —

Leid   Nutzen   Strafen

Reifung
Angeborene Grundlagen

Entwicklungsbedingungen

Personale Dispositionen

- Neigt zu Vergeltungsbedürfnis? Sieht viele Bedrohungen? Strebt nach Durchsetzung, Gewinn u. a.?
- Hat moralische Normen gegen Aggression? Ist ängstlich in bezug auf Strafrisiko?
- Hat eingeschliffene aggressive Gewohnheiten? Beherrscht aggressive Fertigkeiten gut? Hat intellektuelle, kommunikative Defizite für alternatives Verhalten?

Aktuelle Prozesse

- Was sieht, was übersieht die Person?
- Wie interpretiert und bewertet sie das Ereignis?
- Was fühlt sie?
- Was ist ihr Ziel? Welche Befriedigung sucht sie?
- Ist ihr Verhalten geplant und gesteuert oder "automatisch"?
- Was genau tut (auch Mimik, Gestik) oder sagt die Person?

Situationsfaktoren

- Welche Frustrationen, Anreize und Gelegenheiten, Modelle usw. regen das Verhalten an? Welche Effekte in der Umwelt (nachgeben o. a.) ruft es hervor?
- Welche gegenläufigen Faktoren (z. B. Strafandrohung, Appelle) gibt es?
- Gegenüber welchen Personen tritt das aggressive Verhalten auf? Gemeinsam mit wem wird die Aggression ausgeübt? Im Beisein von wem?

Entwicklungsbedingungen

- Auf welchen Erfahrungen können die Dispositionen beruhen? Frustrationen, Modelle, Aggressionserfolge, Belehrungen, Einsichten u. a.?
- In welchen Umwelten? Durch welche selbstinitiierten Lernprozesse?
- Welcher alterstypische Reifungsstand, welche persönliche Anlagen können bedeutsam sein?

einmal nicht aufrührerisch und mehr oder weniger aggressiv?

»Im Gegensatz zu einer fast schon selbstverständlich gewordenen Sichtweise beruht die Jugendgewalt im wesentlichen nicht auf Desintegration oder Orientierungslosigkeit«, resümiert beispielsweise der Sozialwissenschaftler Joachim Kersten stellvertretend für andere Aggressions- und Gewaltforscher. Es müsse daher noch andere Gründe geben, die für das Aggressions- und Gewaltprobleme verantwortlich sind. Hinweise lieferten Studien mit Hooligans, von denen man lange annahm, daß die oben aufgeführten Gründe – Werteverlust, familiäre Auflösung, Arbeitslosigkeit, mangelnde beruflichen Perspektiven etc. – für ihr gewalttätiges Verhalten verantwortlich wären. Es stimmt nicht: Die Gruppe der Hooligans setzt sich seit Mitte der achtziger Jahre mehrheitlich aus jungen Erwachsenen der bürgerlichen Mittel- und Oberschicht zusammen, die unter der Woche einer geregelten Tätigkeit z. B. als Studenten, Bank- oder Industriekaufleute nachgehen. Ihre Lust auf Abenteuer befriedigen sie am Wochenende in Form einer »geilen Keilerei« und gewalttätiger Provokationen.

Das Charakteristische am Verhalten der Hooligans erklärt ein Verhaltensforscher folgendermaßen: Sie seien Subkulturen, die in »exakter Spiegelung die einseitigen Werte und Verhaltensmodelle des verbreiteten Zeitgeistes enthielten: elitäre Abgrenzung, Wettbewerbs-, Risiko- und Statusorientierung, Kampfdisziplin, Coolness, Flexibilitäts- und Mobilitätsbereitschaft, Aktionismus, Aggressionslust, Aufputschung und atmosphärischen Rausch. Dies sind ausnahmslos Aspekte, die sich nicht durch Desintegration oder Orientierungslosigkeit erklären lassen. Vielmehr müssen sie allesamt als Aspekte von Lebenszusammenhängen begriffen werden, in denen Männlichkeit und Normen von Maskulinität betont werden.

Auch rechtsradikale Gewalt ist sehr viel stärker ein Problem von Männlichkeitskulten, wie Joachim Kersten formuliert, als von einem allgemeinen gesellschaftlichen Werteverlust. Der Sozialwissenschaftler kommt kulturübergreifend zu dem Schluß, daß aus der Sicht junger Männer Gruppenverhalten als ein Versuch verstanden werden müsse, akzeptierte Männlichkeitsfunktionen einzuüben und darzustellen. Dem Widerspruch von guter und schlechter Männlichkeit – genauer: positiver und negativer Gewaltanwendung als Krieger (Beschützer, Polizist) und Schläger (Killer, Amokläufer) – entspreche auch das Auftreten der rechten oder sonstwie in Gewaltmilieus organisierten Jungmänner, da sie versuchen das »Arsenal von Männlichkeit« auszubreiten. Körperliche Gewalt gilt dabei noch oder wieder als normales Mittel zur Bekräftigung männlicher Identität, um soziales Prestige zu erwerben. Wie verworren die Verhältnisse – und wie stimmig die Männlichkeitsthese – dabei sein können, zeigte sich wiederholt bei gewalttätigen Übergriffen auf Ausländer durch rechte Jungmänner, die in Hoyerswerda und anderswo in ihrer obskuren »Beschützerrolle« von umstehenden Zuschauern mit Beifall bedacht wurden.

Für diese Männlichkeitsthese spricht auch der Befund einer 1994/95 durchgeführten Studie des Psychologen Jens Uhle, der im Auftrag des Berliner Senats untersuchte, warum so viele junge Männer gegen Homosexuelle gewalttätig wurden. Gegen Schwule selbst hätten sie »eigentlich nichts«, räumten die allermeisten der Gewalttäter ein, ihre Mission sei eher, »Schwule zu richtigen Männern schlagen« zu wollen. Uhle widerlegte damit eindrucksvoll die unter Fachleuten wie Homosexuellen weit verbreitete Ansicht, wonach die meisten Übergriffe aus einer vermeintlichen Homophobie oder einem Schwulenhaß heraus erfolgten. Darum gehe es nur am Rande, im Mittelpunkt stünde das Männlichkeitsproblem und die Ängste vor »unmännlichen Männern«. Ob Jugendgewalt, gewalttätige Partner, Gewaltkriminalität oder Gewaltverbrechen im Krieg: Gewalt ist in etwa neun von zehn Fällen männliche Gewalt.

Neben dem Konzept gewalttätiger Männlichkeitskulte gibt es auf die Frage, warum Gewalt fast ausnahmslos von Männern ausgeübt wird, nur Vermutungen, die die Sozialwissenschaftler Heidrun Bründel und Klaus Hurrelmann folgendermaßen zusammenfassen:

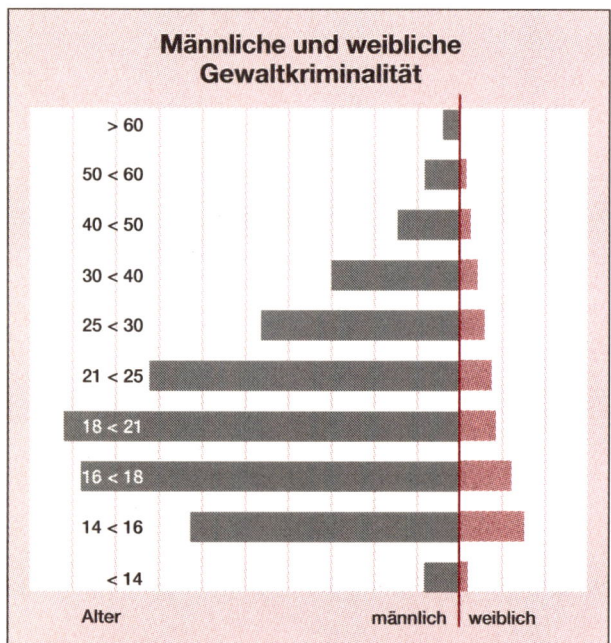

**Männliche und weibliche
Gewaltkriminalität**

> 60
50 < 60
40 < 50
30 < 40
25 < 30
21 < 25
18 < 21
16 < 18
14 < 16
< 14

Alter   männlich | weiblich

Das Schaubild zeigt, wie stark Gewaltkriminalität von Männern ausgeübt wird: In fast 90 Prozent aller Fälle geht die Gewalt vom Mann aus. Über alle Altersstufen hinweg werden drei Viertel aller Gewalttaten von jungen Männern zwischen 14 und 30 Jahren begangen. Um die tatsächliche Verbreitung zu relativieren, sei darauf hingewiesen, daß auch in der gewalttätigsten Altersgruppe der 18 bis 21jährigen Männer insgesamt nur einer von hundert zum Gewalttäter wird.

Geschlechtsspezifisch unterschiedliche »Temperamente«

Unabhängig von sozial und kulturell unterschiedlichen Entwicklungsbedingungen reagieren Mädchen auf belastende Außenreize eher defensiv, nach innen gerichtet, stärker depressiv und mit Selbstaggressionen. Jungen verhalten sich bei Anspannung tendenziell ungeduldiger und richten ihre Gefühle nach außen. Obwohl die Aggressionsimpulse beider Geschlechter gleich stark sein können, führen sie zu unterschiedlichen Erscheinungsbildern, wobei die Aggressivität der Jungen prinzipiell sichtbarer ist.

Erziehungsstile

Eltern verstärken durch unterschiedliche Erziehungsstile den geschlechtsspezifischen Umgang mit Aggressivität. So werden bei Mädchen auch heute noch praktisch keine aggressiven Äußerungen toleriert, während Jungen natürlich aggressiv reagieren dürfen, weil dies die notwendige Durchsetzungsfähigkeit und Eigenständigkeit fördere.

Gewalttätige Idole

Ob Rambo, John Wayne oder Bruce Willis: die Helden der Gewalt zeigen mit ihrem prall gefüllten Arsenal von Männlichkeit den Jungen, wie mann es macht.

Vor allem sind es daher nach wir vor die Medien, die den Jungmännern in Krisenzeiten des Erwachsenwerdens wesentliche Orientierungen anbieten. Der Medienpädagoge Bernd Schorb hat in einer neuen Studie untersucht, inwieweit die visuellen Medien männliche Jugendliche bei Fragen der Konfliktbewältigung, der Wahl von Lebensvorstellungen und Vorbildern beeinflussen.

Es zeigten sich die folgenden qualitativen Schwerpunkte, die typische Lebensgefühle und Überzeugungen widerspiegeln:

Testosteron

Für viele Verhaltenswissenschaftler galt es bisher fast als Binsenweisheit, daß aggressives Verhalten vom männlichen Sexualhormon Testosteron verursacht oder zumindest stark beeinflußt wird. Die neuere Forschung zeichnet allerdings ein sehr viel vorsichtigeres Bild: Es gebe zwar Hinweise auf einen Testosteroneinfluß bei aggressivem Verhalten, mahnt der englische Psychophysiologe Jerome Archer, aber gerade beim Menschen ist nichts eindeutig bewiesen; Befunde der neueren Forschung zeigen sogar gegenteilige Zusammenhänge.

Daß Testosteron nicht an sich aggressions- oder gewaltfördernd wirkt, verdeutlichen vor allem neuere Studien mit Männern, die an einer Unterfunktion der Keimdrüsen mit entsprechend geringer Testosteronproduktion leiden: Bei ihnen zeigten sich nämlich während und nach einer Behandlung mit dem Stoff keinerlei aggressionsfördernde Effekte. Die Grenzen der einfachen Ursache-Wirkungs-Zusammenhänge werden durch die neuere Forschung deutlich. So belegen einige Studien übereinstimmend, daß bei vielen Männern die Testosteronproduktion erst nach der Erledigung einer erfolgreichen oder streßfördernden Aufgabe steigt – und nicht etwa vorher: Vieles spricht also dafür, daß Testosteron nicht als ein per se aggressionsförderndes Hormon, sondern stärker als eine prinzipiell energetisierende biochemische Substanz betrachtet werden sollte. So handeln auch Jungen während der Pubertät – einer Zeit hoher Testosteronproduktion – weniger von sich aus und scheinbar automatisch aggressiv; vielmehr steigt ihre Bereitschaft, insbesondere auf Provokationen unmittelbarer und impulsiver zu reagieren.

Der Mann wird bedroht und setzt sich zur Wehr

Auseinandersetzungen gibt es überall: zu Hause, in der Schule, auf der Straße, vor allem aber im Fernsehen. Überall herrscht Kampf, der heranwachsende Mann muß sich behaupten.

Gewalt bringt die Welt ins Lot

Wie in der Gesellschaft werden auch in den Medien vielschichtige Gewaltmodelle geboten: in den Nachrichten als eine Art Abbild, in den Action- und Unterhaltungsfilmen als Vorbild. In den Köpfen der sich mit ihren Idolen identifizierenden Heranwachsenden nimmt die Medienbotschaft allmählich feste Formen an: Wer stark ist wie Rambo, kann sich seinen Platz in der Gesellschaft sichern – und alle Problem mit Gewalt lösen.

Der Mann ist ein einsamer Wolf

Die Fernsehbotschaft, daß ein richtiger Mann ein einsamer Steppenwolf sei und seine Probleme allein zu lösen habe, zeigt bei vielen Jungen ebenfalls Wirkung. In einer Welt voller Angreifer und Verbrecher glauben sie, man könne sich nur auf sich verlassen.

Nach wie vor, so das Fazit der Studie von 1995, entspricht also die Vorstellung, daß Aggression und Gewalt Mittel sind, mit denen die Welt geordnet und gestaltet werden könne, dem klassischen Muster männlicher Sozialisation.

Wie die extremen Beispiele von KZ-Aufseherinnen oder mordender Terroristinnen zeigen, können aber auch Frauen gewalttätig sein.

So kommt die Sozialwissenschaftlerin und feministische Gewaltforscherin Claudia Heyne zum Schluß, daß Frauen von Natur aus weder besonders friedfertig noch besonders gewalttätig seien. Das Gewalt-, zumindest das Aggressionspotential sei bei Männern und Frauen nicht wesentlich unterschiedlich: »Auch Frauen sind zu jeder

Männlichkeitswahn

In der Tiefenpsychologie wird der gewalttätige Mann als jemand verstanden, bei dem die Angst vor einer als »verschlingend« erlebten Mutter eine große Rolle spielt. Daß er Gewalt anwendet, ist nicht Zeichen besonderer Stärke, sondern letztlich Ausdruck seiner großen Angst vor der archaischen Urmutter und vor emotionaler Nähe: Diese männlichen Überhelden zeigen eine geradezu panische Angst vor jeglichem emotionalen Berührtwerden und idealisieren ihre Gewalttätigkeit als Ausdruck »echter Männlichkeit«, die für nichts Weiches Platz läßt. Die eigenen emotionalen Anteile halten sich solche Männer durch Verschiebung, Projektion und die Delegation an Sündenböcke vom Leibe.

Die psychoanalytischen Überlegungen gehen dahin, daß der notwendigen Distanzierung des Knaben von der Mutter dessen gesamte Gefühlswelt zum Opfer fällt. Wenn diese Gefühlsabwehr dann noch durch die Gesellschaft verstärkt wird, kann dies eine extreme Entwicklungen in Richtung Gewalttätigkeit in Gang setzen. Besonders unheilvoll wird es, wenn die Politik dieses männliche Gewaltpotential funktionalisiert, wie es insbesondere im Faschismus der Fall war.

Art von Gewalt in der Lage, wenn sie die Macht haben und in der entsprechenden Lebenssituation sind«. Tatsache bleibt dennoch, daß in unserer Gesellschaft Männer anfälliger und gefährdeter für besondere Eskalationen ihres Gewaltpotentials sind.

V. Vom Umgang mit Aggressionen

1. Aggressionserziehung: »Lern-Fall Aggressivität«?

Da man die komplexe Frage, wie Aggression und Gewalt entstehen, nur sehr differenziert und mit vielen einschränkenden Vorbehalten beantworten kann, läßt sich auch das Problem der Gewaltprävention nicht mit einem rundum gültigen Patentrezept lösen.

Dies gilt vor allem für die noch immer weitverbreitete Überzeugung, man müsse sich zur Abfuhr aggressiver Energien ab und zu abreagieren. Wie die moderne Forschung nachdrücklich belegt, ist dies ein gefährlicher Aberglaube: Das sogenannte Abreagieren beinhaltet nicht nur die Gefahr einer aggressiven Selbststimulierung (Hochschaukeln), sondern führt darüber hinaus auch zur Einübung aggressiver Gewohnheiten und damit zu einer möglichen Konfliktverschärfung.

Der Psychologe und renommierte Aggressionsexperte Hans-Peter Nolting zeigt sich davon überzeugt, daß aggressives Verhalten keine Naturnotwendigkeit darstellt, sondern in erster Linie erworben und gelernt wird. Die menschliche Lernfähigkeit biete daher einen Spielraum, der allerdings für die Bewältigung von Aggression bislang kaum genutzt wird.

Dabei ergeben sich aus der Aggressionsforschung und den vorliegenden Erklärungsmodellen prinzipiell vier Punkte, an denen man ansetzen kann, um Gewalthandlungen zu verhindern oder vermindern:

Verminderung der situativen Anregungsfaktoren

Aggressionen entstehen sehr häufig als Folge von Frustrationen und Gefühlen des Ärgers, Mißerfolgs oder der Nichtanerkennung. Eine Möglichkeit, Aggressionen ab-

Populäre Vorstellungen über die Möglichkeiten zur Aggressionsvermeidung

1. „...durch aufklärende Information bewußt machen, wie Aggressionen entstehen." 98%

2. „...schon kleinen Kindern beibringen, wie sie Konflikte friedlich regeln können." 95%

3. „...Menschen können lernen, friedlich miteinander zu leben." 91%

4. „...Alltagsprobleme lösen." 91%

5. „...bessere Lebensbedingungen schaffen." 88%

6. „...durch Sport, Holzhacken und ähnliches aufgestaute Aggressionen abreagieren." 78%

7. „...immer an die Vernunft und den guten Willen appellieren." 74%

8. „...Kinder ihre Aggressionen ausleben lassen." .. 72%

9. „...die Ärgernisse des Lebens nicht so ernst nehmen." 70%

10. „...eine moralische Einstellung, die aggressives Verhalten verurteilt." 50%

11. „...durch Bestrafung." 4%

zubauen, wäre demnach, an diesen aggressionsfördernden Bedingungen in der engeren und weiteren Umwelt anzusetzen – vor allem die Verminderung von Frustrationen, aggressiven Vorbildern oder Hinweisreizen.

In Partnerschaften würde dies bedeuten, die situativen Rahmenbedingungen bei Konflikten zu ändern: Sich vorzunehmen, dem anderen in Zukunft bei Konfliktsituationen erst zuzuhören und dann auf dieser Grundlage zu argumentieren. So kann eine überwiegend sachbezogene und nicht diffamierende Konflikt- und Streitkultur aufgebaut werden.

Änderung der individuellen Bewertungsebene

Damit sind die gedanklichen und emotionalen Bewertungen gemeint, aufgrund derer viele Menschen Aggressivität oder Gewalt positiv einschätzen oder die aggressives Verhalten – bei Provokationen etwa – nahelegen.

Insgesamt geht es also um die Änderung der eigenen Einstellung im weitesten Sinne und um die Frage, wie wir auf Frustrationen gedanklich und emotional reagieren. So kann man beispielsweise auf Ärger nicht nur mit Aggression, sondern auch mit Gelassenheit reagieren.

Erlernen von alternativen Verhalten

Dieser Ansatz geht davon aus, daß man aggressives Verhalten abbauen kann, wenn man alternative Verhaltensweisen fördert, die Bedürfnisse und Gefühle genausogut oder sogar besser ausdrücken. Häufig geht es dabei um individuell angemessene Formen der Selbstbehauptung und das Training sozialer Fertigkeiten: eigene Gefühle zum Ausdruck bringen, konstruktive Konfliktgespräche führen, kooperatives Verhalten kultivieren etc.

Förderung der Aggressionshemmung

Um dieses Ziel zu erreichen, gibt es prinzipiell zwei Wege: entweder den äußeren der Bestrafung (durch Eltern oder Justiz) – oder den inneren, der darin besteht, moralische Hemmnisse zu entwickeln. Während allerdings der erste Weg aus mehreren Gründen nach wie vor

---

Vier Stufen der Aggressionshandlung

Wie in der Grafik »Das Prozeßmodell aggressiver Handlungen« in Anlehnung an ein Handlungsmodell der Aggressionspsychologie dargestellt, können aggressive Handlungen prinzipiell in vier Schritte unterteilt werden:

1. Wahrnehmung: Ein Ereignis wird als bedrohlich, frustrierend oder aus anderen Gründen aggressiv beurteilt.

---

2. Handlungswahl: Der Handlungsimpuls »aggressiv reagieren« ist aktiv; Suche nach geeigneten Handlungen: zum Beispiel Schlagen.
3. Hemmungspotentiale: Da es keine aggressive Handlung gibt, bei der nicht-hemmende, anti-aggressive Kräfte oder moralische Bedenken überwunden werden müßten, kann es zu einer Neubewertung der Situation kommen: Handelt es sich wirklich um einen aggressiven Akt (Stufe eins)? Muß Schlagen überhaupt sein, oder genügt verbales Provozieren oder Beschimpfen als angemessene Reaktion (Stufe zwei)?
4. Vorwegnahme der Folgen: Auf dieser letzten Stufe rücken die möglichen Konsequenzen ins Blickfeld: Droht eine Strafe, eine Gegenreaktion? Wird mir die Sache Anerkennung bringen oder Schwierigkeiten?

Die Aggressionsforscher Franz und Ulrike Petermann weisen darauf hin, daß dieses Modell auch die Möglichkeit bietet, gezielt diejenigen Schwachstellen zu trainieren, an denen man gegen eine aggressive Handlung vorgehen kann. Dies kann zwar prinzipiell auf allen Stufen passieren, aber auch in diesem Falle gilt: je früher, desto besser. Auf Stufe eins kann man die Wahrnehmungsgewohnheiten verändern, auf der zweiten Ebene, der der Handlungsmöglichkeiten, wird man dann therapeutisch versuchen, die Gewohnheitsstärke für aggressives Verhalten zu verringern. Auf der dritten Ebene geht es darum, die Hemmungspotentiale zu verstärken und auf der vierten Stufe können schließlich die möglichen Folgen neu bewertet werden. Es gibt natürlich auch die Möglichkeit gegen alle vier Schlüsselstellen kombiniert vorzugehen.

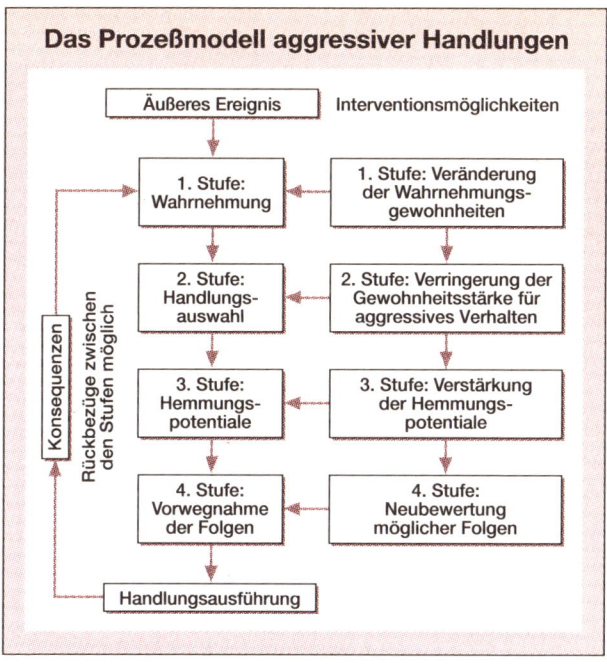

Das Prozeßmodell aggressiver Handlungen

Äußeres Ereignis — Interventionsmöglichkeiten

1. Stufe: Wahrnehmung — 1. Stufe: Veränderung der Wahrnehmungsgewohnheiten

2. Stufe: Handlungsauswahl — 2. Stufe: Verringerung der Gewohnheitsstärke für aggressives Verhalten

3. Stufe: Hemmungspotentiale — 3. Stufe: Verstärkung der Hemmungspotentiale

4. Stufe: Vorwegnahme der Folgen — 4. Stufe: Neubewertung möglicher Folgen

Handlungsausführung

Konsequenzen

Rückbezüge zwischen den Stufen möglich

umstritten ist und wenn überhaupt, dann nur stark eingeschränkt oder situativ wirkt, ist es bei der Moral dagegen mit reinen Appellen nicht getan. Vor allem ist es in Anbetracht gewaltvoller Situationen notwendig, daß die innere moralische Kontrollinstanz auch dann funktioniert, wenn sie im Namen höherer Instanzen – der Wissenschaft, des Staates – oder Persönlichkeiten außer Kraft gesetzt werden soll.

2. Lektionen der Gewaltforschung: Jeder kann zum Täter werden

Aufgrund seiner Untersuchungen zur Gewaltfrage hat der Aggressionsforscher Udo Rauchfleisch grundlegende »Anti-Gewalt-Thesen« formuliert.

1. Hinweise auf Gewalt ernst nehmen

Demnach müsse man immer auf erste, scheinbar harmlose Zeichen von Gewalt achten und sie ernst nehmen. Insgesamt sei es notwendig, in allen öffentlichen politischen wie privaten Lebensbereichen sensibler und hellhöriger gegenüber den vorfindbaren Spuren von Gewaltanwendungen zu werden. Dazu gehört u.a. auch die Frage, was es für die Entwicklung von Kindern bedeute, wenn sie etwa in der Öffentlichkeit beschämt und bloßgestellt würden: »Welches Vorbild bieten wir ihnen in unserem Umgang miteinander? Was bedeutet die Tatsache, daß die Literatur voller Gewalt ist?«

2. Den Autoritäten gegenüber eine kritische Haltung einnehmen

Die Aggressionsforschung zeigt, daß es verhängnisvolle Konsequenzen hat, wenn man die Stimme des eigenen Gewissens zum Schweigen bringt, weil damit die Verantwortung für das Handeln abgegeben wird. Es komme deshalb von Kindheit ganz besonders darauf an, Autoritäten gegenüber eine kritische Distanz zu bewahren und achtsam zu sein – im privaten und beruflichen Leben ebenso wie gegenüber politischen Autoritäten.

3. Die Menschenwürde des anderen respektieren

Grundvoraussetzung für die Minderung von Aggressionen ist nach Rauchfleisch, die Würde eines jeden zu respektieren: Keiner hat das Recht, sich zum Richter über Wert oder Unwert des anderen aufzuschwingen. Wenn dies allgemein praktiziert würde, wäre vieles an Gewalt nicht möglich.

4. Erziehung als Schutz vor Gewalt

Für Rauchfleisch stellt eine gute Erziehung zwar kein Allheilmittel, aber dennoch einen wichtigen Aspekt dar: Es komme dabei darauf an, schon in der frühen Kindheit den kleinen Menschen als Individuum zu respektieren, das Selbstwertgefühl von Kindern nicht zu verletzen und ihre Rechte zu achten. Dies sei als eine Grundhaltung zu verstehen, die man nicht darauf beschränken könne, körperliche Strafen zu verbieten, da man Kinder mit Worten oder durch Nichtbeachtung psychisch mindestens so tief verletzten könne wie durch körperliche Züchtigung. So sei es ausschlaggebend, daß die Erwachsenen durch die Art, wie sie als Eltern, Lehrer oder Mitbürger mit Kindern umgehen, wesentlich dazu beitragen können, ob sich in den Kindern ein großes Aggressionspotential anstaut und in destruktiven Aktionen entlädt oder ob ihre aggressive Dynamik »in konstruktive Bahnen« umgelenkt wird.

5. Sich des in jedem von uns vorhandenen Gewaltpotentials bewußt sein

Daß diese Grundthese sehr viel Widerspruch herausfordern werde, sei ihm bewußt, meint der Gewaltforscher zu seiner wichtigsten Anti-Gewalt-These. Wenn man den Gewaltbegriff aber verwende, rede man im allgemeinen immer nur von der Gewalttätigkeit anderer – und nie von sich selbst als Gewalttäter. Aber gerade darin liege eine der Hauptgefahren, und deswegen muß man auch die Alltäglichkeit von Gewalt so hervorheben: »Wir müssen uns der Tatsache stellen, daß wir nicht nur Opfer, sondern auch Täter sind.«

Es sei sehr einfach zu sagen, die anderen Verkehrsteilnehmer würden alle so aggressiv fahren, oder Folterer seien hochpathologische Individuen. Sehr viel schwieriger fällt es dagegen, sich selbst einzugestehen, daß man tagtäglich in seinem privaten und beruflichen Bereich auf seine eigene Weise gewalttätig ist oder daß man unter bestimmten Umständen sogar dazu fähig sein könnte, andere Menschen zu foltern. So erschreckend diese Einsicht auf der einen Seite auch sein mag, so wichtig ist sie andererseits für die Vermeidung von Gewalt: Erst wenn wir uns immer wieder von neuem der Tatsache bewußt werden, daß jeder von uns ein Gewaltpotential in sich trägt, das durch die persönlichen oder politischen Lebensumstände aktiviert werden kann, vermögen wir auch destruktive Entwicklungen frühzeitig zu erkennen.

Auch Herbert Selg, renommierter Aggressions- und Gewaltforscher warnte in einem Interview mit der Zeitschrift »Psychologie Heute« ausdrücklich davor, »Gewalttäter zu Randfiguren« oder Massenvergewaltigungen zu einer Ausnahmeerscheinung zu machen. »Wir sind«, so Selg, »gar nicht so weit von den Tätern entfernt«.

3. Moral gegen Gewalt?

Die Frage, warum der Mensch Ethik und Moral benötigt, läßt sich relativ einfach beantworten: Die Evolution des Menschen führte zu einem zunehmenden Abbau an Instinkten und naturgesetzlicher Steuerung seines Verhaltens. Die daraus folgenden Unsicherheiten bedürfen ethischer Vorgaben. Welche handlungsleitende und -regulierende Ethik zum Maß der normativen Dinge erhoben werden kann, bleibt jedoch auch nach einer jahrtausendelangen Kultur- und Moralgeschichte immer noch unbeantwortet.

Der Evolutionstheoretiker Franz Wuketits bewertet die vielfältigen Versuche einer abstrakten Moralphilosophie gar als nur »mäßig erfolgreich« und im Grunde als gescheitert. Wesentlicher Grund: Die idealistischen Moralvorstellungen über das menschliche Wesen nach dem Motto »Edel sei der Mensch, hilfreich und gut« werden seinem stammesgeschichtlichen Erbe nicht gerecht, aggressive und destruktive Potentiale kommen immer wieder zum Durchbruch.

Fragen menschlichen Verhaltens können nicht mit einer idealistischen oder rationalistischen Herangehensweise logisch beantwortet werden, Ethik ist letztlich auch keine religiöse oder philosophische Angelegenheit: Da biologische Triebe unser Verhalten bestimmen, lautet die Frage somit nicht, was der Mensch tun soll, sondern vielmehr, was er tun kann.

Für Wuketits und andere Vertreter einer evolutionären Ethik kann dies nur innerhalb biologisch bestimmter Grenzen beantwortbar und verwirklichbar sein. Dabei müßte eine menschengemäße evolutionäre Ethik in erster Linie der Tatsache gerecht werden, daß der Mensch biologisch für das Leben in überschaubaren, familiären Kleingruppen geschaffen ist: »Der Mensch ist das einzige Säugetier, das in Massengesellschaften lebt, die seine positiven Lebensgefühle zunehmend unterdrücken.«

Letztlich läuft diese Vorstellung von Gewaltvermeidung also darauf hinaus, anstelle von anonymen Lebensbedingungen wieder überschaubare dörfliche Lebenseinheiten zu schaffen, in denen sich der einzelne ganz geborgen und sicher fühlt.

Die zweite wichtige Strömung verkörpert in diesem Zusammenhang der Sozialphilosoph Erich Fromm, der sich insbesondere in seinem fundamentalen Werk »Anatomie der menschlichen Destruktivität« mit Hintergründen menschlicher Gewalt und Zerstörung als kulturellem und gesellschaftlichem Problem beschäftigte.

Fromm kritisiert radikal und leidenschaftlich die These des Tierethnologen und Evolutionstheoretikers Konrad Lorenz. Unabhängig von wissenschaftlichen und logischen Schwächen sei diese Theorie gefährlich, weil sie schicksalsergebene, resignative und passive Einstellungen fördere: Diese Theorie von einer angeboren Aggressivität werde daher leicht zur Ideologie, die dazu beitrage, Ängste zu beschwichtigen und Gefühle der Machtlosigkeit auch wissenschaftlich zu rationalisieren.

Fromm formuliert dagegen die These, daß Destruktivität und Grausamkeit keine instinktiven Triebe sind, sondern Leidenschaften, die in der Gesamtexistenz des Menschen wurzeln: »Sie gehören zu den Möglichkeiten, dem Leben einen Sinn zu geben; sie sind beim Tier kaum zu finden, sie können dies auch nicht sein, weil sie ihrer Natur nach im ›Menschsein‹ verwurzelt sind.« Der Hauptirrtum von Lorenz und anderen Instinktforschern bestehe darin, daß sie die beiden Arten von Trieben, die im Instinkt und im Charakter wurzelten, durcheinander gebracht hätten.

Für Fromm stellt die menschliche Aggression und Destruktivität also kein biologisch erklärbares Naturgesetz dar; sie ist vielmehr Ausdruck eines individuellen Charakterdefizites, das man vor dem Hintergrund gesellschaftlich-kultureller Rahmenbedingungen sehen müsse.

Die Frage lautet somit nicht, ob der Mensch von Natur aus böse sei: Es geht vielmehr darum, daß der Mensch als instinktreduziertes Wesen in Abhängigkeit von gesellschaftlichen Bedingungen einen biophilen (zum Leben) oder nekrophilen (Drang, Leben zu zerstören) Charakter entwickeln kann.

Viele Sozialwissenschaftler sehen in einer gelingenden moralischen Erziehung von Kindern eine geradezu ideale Möglichkeit, um Gewaltanwendung und -verbreitung vorzubeugen.

So ist der Psychologe Hans-Joachim Maaz der Meinung, wenn wir bereit wären, Kinder in ihrer Entwicklung zu begleiten, sie ganz nach ihren Bedürfnissen und Möglichkeiten zu fördern, ihnen dabei unvermeidbare Grenzen erfahrbar machen und helfen, diese emotional zu verarbeiten, dann würden Entfremdung und emotionale Mangelerlebnisse weitgehend vermieden, »weil die psychischen Quellen der Gewalt nicht mehr gespeist« werden könnten.

Moral und Kultur

Erich Fromm konnte in seiner großen Studie über die »Anatomie der menschlichen Destruktivität« zeigen, daß die Entwicklung zu einer biophilen oder aggressiv-destruktiven Lebenseinstellung weitgehend von der Kultur abhängt: So unterscheiden die Forschungsberichte von Ethnologen über 30 primitive Kulturen drei Modelle, wie Moral, sozialer Charakter, Aggressivität und Gewalt in einem öffentlichen Rahmen gestaltet werden:

1. Lebensbejahende Gesellschaften wie die Polar-Eskimos oder Zuni-Indianer sind sehr friedfertig; etwa ein Viertel der untersuchten Kulturen zählen dazu.
2. Nichtdestruktiv-aggressive Gesellschaften zeichnen sich für Fromm vor allem dadurch aus, daß Aggressivität und Krieg zwar keine zentrale Bedeutung besäßen, aber dennoch normale Vorkommnisse darstellen, wobei Rivalität, Individualismus und Hierarchie regelmäßig vorkämen; zu dieser »Mischform« gehören etwa die Hälfte der primitiven Kulturen, beispielsweise die Grönland-Eskimos, Inkas oder die Krähen-Indianer.
3. Destruktive Gesellschaften dagegen sind charakterisiert durch Gewalttätigkeit, Grausamkeit und Zerstörungslust wie die Azteken oder Kwakiutl-Indianer; etwa ein Viertel der untersuchten Stämme fallen unter diese letzten Form.

Das bedeutet nicht, daß es bei den Polar-Eskimos oder Zuni-Indianern keine Streitigkeiten oder Aggressivitäten gäbe, nur sei es eben von entscheidender Bedeutung, daß man insgesamt damit lebensfreudiger und gewaltloser umgehe.

Eines der wesentlichen Probleme der Bedingungen heutiger Moralentwicklung formulieren allerdings die Soziologen Götz Eisenberg und Rainer Gronemeyer: »Die Herausbildung von Moral ist an soziale Einrichtungen gebunden, die sich dafür verantwortlich fühlen, diese Moral in den Individuen zu verankern. Die Familie ist bisher der Dreh- und Angelpunkt für die Verinnerlichung von Moral gewesen. In dem Maße, in dem sie zerfällt, verbraucht sich der moralische Rohstoff, von dem der Bestand jeder Gesellschaft abhängt. Wenn Moral nicht mehr ›naturwüchsig‹ produziert wird, dann drohen die zivilisatorischen Dämme, welche die Individuen bisher an der Gewaltausübung gehindert haben, zu brechen.«

Im Zusammenhang mit der moralischen Entwicklung sehen viele Aggressionsforscher insbesondere in einer verstärkten Selbstkontrolle oder Selbstkritik eine wichtige Möglichkeit zur Gewaltverhinderung oder Gewaltminderung.

Wie Friedrich Lösel, Mitglied der Gewaltkommission, betont, müßten entsprechende Maßnahmen vor allem auf folgende, aggressions- oder gewaltfördernde Mechanismen im Denken abzielen:

Neben dem allgemein üblichen Prinzip einer Abwertung von Opfern (»Bullen«, »Barbaren«, »Untermenschen«, »Abschaum«) sind dies:

- bagatellisierende Vergleiche
  (»Die Zerstörung der Umwelt ist doch viel schlimmer.«)
- beschönigender Sprachgebrauch
  (»Ich habe ihm doch nur eine gelangt/einen Klaps gegeben.«)
- Abschieben von Verantwortlichkeit
  (»Die Polizei/die Frau hat angefangen.«)
- Schuldzuweisung an das Opfer

Entwicklung von Moral

Der Entwicklungspsychologe Lawrence Kohlberg konnte in jahrzehntelangen, kulturübergreifenden Forschungen zeigen, daß sich die moralische Reifung bei allen Menschen in einem universal gültigen – also unabhängig von Kultur, Gesellschaft und geschichtlichem Zeitpunkt – Entwicklungsprozeß vollzieht. Dieser führt in sechs Stufen von dem einfachen (»Tust Du mir einen Gefallen, tu ich Dir auch einen«) zu immer höheren Formen (»Moral der Menschenrechte«) ethischer Einsicht.

Als Prinzip gilt dabei: Je schwächer die Moralentwicklung und zugrundeliegenden Wertprämissen, desto größer ist die Wahrscheinlichkeit aggressiver, den anderen schädigenden Verhaltensweisen.

Wie empirische Studien zeigen, wird nicht in jedem Kultur- oder Gesellschaftssystem die gleiche Stufe erreicht. Im Gegenteil: Die meisten Erwachsenen in den westlichen Industriestaaten erlangen nur die Stufen drei oder vier.

Da für die Entwicklung des moralischen Urteils kulturelle Einflüsse von besonderer Bedeutung sind, spricht einiges dafür, daß die gesellschaftlichen Bedingungen ein Erreichen der höchsten Stufen noch nicht breitenwirksam ermöglicht haben.

Auch wenn man dies vorsichtig interpretieren muß – vom Urteil und subjektiv geäußerten Einstellungen darf nicht ohne weiteres auf das tatsächliche Verhalten geschlossen werden –, stimmt es unter gewaltpräventiven Vorzeichen eher pessimistisch: Nimmt man den Reifegrad der moralischen Entwicklung von Menschen als einen ethischen Gradmesser, dann scheint es um die gewaltvermindernden moralischen Kräfte nicht zum Besten bestellt zu sein.

(»Warum mußte der seine Brieftasche so zeigen/die Frau einen aufreizenden Minirock anhaben?«)

In diesem Zusammenhang hat der Gewaltexperte Rudolf Egg unter gesellschaftlichen Vorzeichen aufgrund einer aktuellen Analyse zur Gewaltfrage folgende vorbeugende Schritte gegen die Gewalt formuliert:

Thesen zur Gewaltbekämpfung

- Es gibt keine Patentlösungen.
  (Gewaltausübung findet in sehr unterschiedlichen Kontexten statt.)

- Keine falschen Zielvorstellungen verfolgen.
  (Es wäre utopisch, eine völlig gewaltfreie Gesellschaft anzustreben.)

- Prävention hat Vorrang.
  (»Vorbeugung ist besser als Heilen.«)

- Gewalt vor allem vor Ort bekämpfen.
  (In der Schule etwa.)

- Hilfe vor Strafe setzen.
  (Möglichkeiten der Rehabilitation und des Neulernens ermöglichen.)

- Die vorhandenen Möglichkeiten ausschöpfen.
  (Nicht neue Gesetze und höhere Strafen entwerfen, sondern die bestehenden Vorschriften konsequenter nutzen.)

- Koordination der Anti-Gewalt-Maßnahmen.
  (Beispiel: In Schleswig-Holstein bildeten Mitglieder aus der Politik, der Justizpraxis, der Polizei, Wissenschaft, Opferhilfevereinigungen und Kirchen einen »Rat der Kriminalitätsverhinderung«.)

Dabei müsse man sich aber bewußt machen, daß es »das schiere Böse« so nicht gebe. Gewalt in unserer Gesellschaft entstehe nicht aus dem Nichts heraus, sondern habe immer mehrere Ursachen; einige davon könnten wir beeinflußen, andere nicht. Vor allem sei die Verhinderung und Kontrolle von Gewalt oder die Entstehung einer gewaltfreien Moral keine Frage von einmaligen Aktionen, sondern eine ausgesprochene Daueraufgabe. Und das betreffe jeden; den Staat und seine Institutionen ebenso wie den einzelnen Menschen.

Zum Problem der gesellschaftlichen Gewaltverhütung heißt es im übrigen im offiziellen Gutachten der Gewaltkommission der Bundesregierung: »Bislang sind wir nicht in der Lage, ein soziales System der Gewaltverhütung zu explizieren«, also zu erläutern oder erklären. Aber auch in diesem Falle gilt: Keine Regel ohne Ausnahme – wie die im folgenden dargestellten Beispiele erfolgreichen »Anti-Gewalt-« oder »Anti-Aggressionstrainings« zeigen.

4. Erfolgsformeln gegen Gewalt: AAT und AGT

In den letzten Jahren bewährten sich auch in Deutschland im Bereich der Sozialarbeit vor allem sogenannte Anti-Aggressionstrainings (AAT) oder Anti-Gewalttrainings (AGT) nach dem amerikanischen Vorbild der Glen-Mills-School in Philadelphia. Vorreiter dieser erfolgreichen Kurse war die Justizvollzugsanstalt Hameln, die 1987 begann, das »Fitneß-Training, um cooler zu werden« (Jugendslang) für gewalttätige Wiederholungstäter durchzuführen.

Auf der Grundlage der lerntheoretischen Hintergründe der Aggressions- und Gewaltentstehung wird im Anti-Aggressionstraining ein halbes Jahr lang zweimal wöchentlich in zwei- und vierstündigen Sitzungen versucht, durch eine konfrontativ-provokative Handlungs-

Allgemeines Präventionsmodell gegen Gewalt

	Intrapersonale Dimension	Interpersona**l**
		Familie
Primär-prävention	– Weckung, Förderung und Erhaltung des Urvertrauens und Selbstwertgefühls – Erziehung zum "Trieb-aufschub" und "Gewalttabu" durch Anerkennung der körperlichen Integrität des Kindes – Verstärkung pro-sozialer Einstellungen und Motive – Weckung, Förderung und Erhaltung der Fähigkeit, sich auszudrücken und zu sprechen	– Gewaltlosigkeit als Erziehungsziel – Praxis gewaltfreier Au̶ in Familie, Schule und halten), Kooperation d – Vernetzung von Famil**i**
Sekundär-prävention	– Immunisierung poten-tieller Opfer und Täter durch Antistreß- und Anti-Aggressionstraining – Befähigung von Risiko-personen zum Umgang mit Angst, Schuld und Aggression	– Hilfen für Drogen- un**d** Alkoholabhängige – Schutz von Behinder**t** – Frauenhäuser – Patenfamilien
Tertiär-prävention	Verhaltenstherapie mit dem Ziel der Qualifizie-rung für den Umgang mit Problemsituationen	– Integration sozial iso-lierter Familien – Hilfestellung bei Milie**u** veränderungen durch**m** Wohnungswechsel

Dimension		Strukturelle Dimension
Schule	**Gleichaltrigengruppe**	

rziehungsstil und
 	
ragung von Konflikten
Gesellschaft (Vorbildver-
Sozialisierungsinstanzen
 	
Thematisierung von
Gewalt und Aggression
im Unterricht
	– Einbeziehung von
	  Kinder- und Jugend-
	  gruppen in Entschei-
	  dungsprozesse
	  (z. B. Wohnumwelt)
	
	– Interkulturelle Kinder-
	  und Jugendarbeit
		– Aktualisierung der
		  Gleichberechtigung
		  der Frau
		– Abschaffung des elter-
		  lichen Züchtigungs-
		  rechts
		– Sozial- und Familien-
		  politik, Erziehungsgeld,
		  Arbeitszeit, Kinder-
		  gartenplätze, Kinder-
		  tagesstätten, Paten-
		  elternschaft
		– Reduzierung von
		  Gewalt in den Medien
		– Ausbau der Jugend-
		  hilfe

Immunisierung potentieller Opfer durch Verstärkung
von Selbstbewußtsein im Erlernen von Selbst-
verteidigungstechniken in Schule und Freizeit
 	
Vermeidung von
Leistungsdruck
 	
Arbeit mit
Schulversagern
	
	– Kinderwohngruppen
	
	– Kinderschutzzentren
		– Meldepflicht für
		  Kindesmißhandlung
		– Änderung von Tat-
		  gelegenheitsstrukturen
		  (z. B. Beleuchtung)
		– Normierung der Straf-
		  barkeit von sexueller
		  Gewalt in der Ehe
		– Bekämpfung von
		  Jugendarbeitslosigkeit
		– Sicherstellung von
		  Lehrstellen

Hilfestellung bei Um-
schulungen oder dem
Nachholen von Schul-
und Berufsabschlüssen
	Täter- und/oder Opfer-
	Selbsthilfegruppen
		– Ausbau von Resoziali-
		  sierungseinrichtungen
		– Maßnahmen des Opfer-
		  und Täterausgleichs

strategie die in aller Regel große Gewaltfaszination der jungen Gewalttäter zu relativieren.

Um die Friedfertigkeit zu kultivieren, geht es im AAT in konkreten Schritten darum, bei den Teilnehmern nach und nach Betroffenheit zu erzeugen, Aggressivität als Vorteil in Frage zu stellen, sich persönliche Aggressivitätsauslöser ebenso wie jeweilige Strategien zur Rechtfertigung der Gewalt bewußt zu machen sowie einen Rollenwechsel zu vollziehen und die Opferperspektive einzunehmen.

Das eigentliche Kernstück des AAT ist allerdings der aus dem psychotherapeutischen Methodeninventar stammende sogenannte Heiße Stuhl des Psychodramas: Hat der Täter darauf Platz genommen, beginnt – umgeben von anderen Teilnehmern und Trainern – ein nervenaufreibender, brutaler Konfrontations- und Provokationstest: »Wie klingt das, wenn ein Nasenbein bricht? Ist das ein fairer Kampf, wenn Dein Opfer am Boden liegt und Du nach ihm trittst?« Die Tests beginnen mit leichten Belästigungen, die bis zu aggressionsauslösenden Provokationen gesteigert werden.

Dabei werden die Tests jedesmal vor der Explosion des Täters abgebrochen, entweder wenn er es selbst möchte oder wenn körperliche Anzeichen wie feuchte Hände, heraustretende Halsschlagader oder eine Veränderung der Gesichtsfarbe dies signalisieren.

»Siebenmal darfst du jemanden falten«, kommentiert der Hamelner Pädagoge und Mitbegründer des Anti-Aggressionstrainings Jens Weidner die Goldene Regel des AAT, »einmal mußt du cool bleiben«. Die allermeisten lernen mit der Zeit ganz hervorragend, »cool« zu bleiben – und Gewaltvermeidung als »echt stark« zu begreifen.

Das sei unglaublich hart gewesen, kommentierte ein betroffener Ex-Schläger seine läuternden Erfahrungen mit dem AAT und dem Heißen Stuhl, »so bin ich noch nie fertiggemacht worden«.

Am Ende eines Anti-Aggressionstrainings haben die Teilnehmer dann gelernt, sich mit Worten anstatt Gewalt zu wehren und ihre Aggressionen zu kontrollieren.

In Hameln hat man im übrigen damit begonnen, solche Verhaltenstrainings auch gezielt mit rechtsorientierten oder -radikalen Gewalttätern durchzuführen. Neben dem bewährten konfrontativ-provokativen Training kommt als zweite elementare Handlungsstrategie bei dieser Zielgruppe die Einübung von Dialogbereitschaft und die Ausbildung eines differenzierten Meinungsbildes hinzu, die inhaltlich über eine »konfrontative Auseinandersetzung mit den politischen Zielen und Ideologien der Teilnehmer«, einer »Thematisierung geschichtlicher Aspekte und aktuellem Zeitgeschehen« sowie »individueller Probleme« verläuft. Die verantwortlichen Hamelner Pädagogen verzeichneten ein Jahr nach Beginn dieser Anti-Gewalttrainings auch in diesem Fall ermutigende erste Erfahrungen.

Anti-Aggressionstrainings kommen aufgrund der positiven Erfahrungen in Hameln und anderen Anstalten zunehmend auch außerhalb des Strafvollzugs zum Einsatz.

VI. Eine Welt ohne Gewalt:
Utopie oder Realität?

Noch vor wenigen Jahrzehnten gab es in den Sozialwissenschaften renommierte Aggressions- und Gewaltforscher wie Bertrand Russell, Walter Benjamin oder Erich Fromm, für die noch eine Welt denkbar war, die ihre Konflikte ohne Gewalt löst. Für die moderne Aggressionsforschung gilt dies nicht mehr; stellvertretend für seine Kollegen meinte etwa der Schweizer Gewaltexperte Udo Rauchfleisch in einem Interview mit »Psychologie Heute« auf die Frage, ob man Gewalt prinzipiell aus der Welt schaffen könnte: »Nein«, das erscheine ihm »unmöglich«. Eine gewaltlose Welt bleibe natürlich wünschenswert, aber es sei eine nicht realisierbare Utopie.

Die grundlegende Schwierigkeit bei der Aggressions- und Gewaltfrage entspringt der noch immer ungeklärten Frage, ob Aggression und Gewalt eher als ein Naturphänomen verstanden werden müssen oder als ein kulturelles und gesellschaftliches Problem. Die Kontroverse selbst ist alles andere als neu: Bereits zur Zeit der Aufklärung stritten sich die berühmten Philosophen Jean-Jaques Rousseau und Thomas Hobbes darüber.

Während Rousseau postulierte, der Mensch sei von Natur aus gut und friedlich, nur werde er »in Ketten« geboren und gehalten, formulierte Hobbes die Gegenposition: Der Mensch sei von Natur aus böse, der Kampf aller gegen alle bilde eine Grundcharakteristik menschlichen Tuns auf der Erde. Für Rousseau ist der Naturzustand ein Zustand des Friedens – für Hobbes herrscht dagegen Krieg. Ihre kulturellen Folgerungen behielten bis heute ihre Gültigkeit: Wenn man es bei Aggression und Gewalt mit einem Naturphänomen zu tun hat, dann geht es darum, die natürliche Schlechtigkeit und das sogenannte Böse durch einen starken Staat, Gesetze oder Religion in sozial verträgliche Formen zu bringen. Im anderen Fall dagegen – Gewalt als Kulturproblem – rücken die Fragen nach der richtigen Erziehung und des sozialen Miteinanders, nach kulturellen Normen und Werten in den Mittelpunkt.

Die eher weltanschauliche Kontroverse zwischen beiden Gewaltpositionen ist bis heute nicht entschieden. So gibt es zwar viele Anzeichen, daß aggressives Verhalten einerseits genetische, biologische und evolutionäre Grundlagen hat; allerdings gilt es als gesichert, daß es keinen natürlichen »Aggressionstrieb« oder ein »Killergen« gibt, die man möglicherweise gentherapeutisch zähmen könnte.

Auf der anderen Seite zeigen anthropologische und ethnologische Studien, daß es Kulturen, Gesellschaften oder Stämme gibt, die friedlicher und weniger aggressiv leben als andere. Aber auch in diesen Gesellschaften scheint es keinerlei Garantien für völlige Gewaltfreiheit zu geben.

Dementsprechend erwies das Vorgehen in den USA, daß mit einer Verschärfung von Strafen nichts erreicht werden kann: Eine Verdreifachung der Strafdauer für Gewalttäter konnte in den letzen 15 Jahren die Verbrechensrate nicht senken. Auch von der Todesstrafe ist bekannt, daß sie die Gewalttäter nicht von ihrem Verhalten abhalten kann. Umgekehrt garantieren weder die antiautoritäre Erziehung oder eine glückliche Kindheit, daß der- oder diejenige später im Leben nicht doch zur Gewalt als Mittel der Durchsetzung greifen.

Als Fazit kann man festhalten: Weder mehr Polizei, Staatsgewalt oder (Todes-)Strafen noch mehr laissez faire einer antiautoritären, gewaltlosen Erziehung produzierten den neuen, aggressions- und gewaltfreien Menschen. Dafür sind die Ursachen, Hintergründe sowie Bedingungsgefüge wohl doch zu komplex. Während in früheren politischen oder wissenschaftlichen Diskussio-

nen noch eher ideologische und weltanschauliche Auseinandersetzungen im Mittelpunkt standen, weichen
diese heute einer zunehmend integrativen und interdiszi-
plinären Sicht: Für den amerikanischen Verhaltenswissenschaftler David Barash beispielsweise ist ein Streit
darüber, ob die Natur, Triebe, Instinkte oder die Kultur
(und Lernen) Aggressionen hervorbringen, wie ein Streit
um die Frage, ob für die Herstellung einer Münze die
»Vorder- oder die Rückseite wichtiger« sei.

Vor diesem Hintergrund gibt die Münchner Psychoanalytikerin, Gewaltforscherin und Gründerin des Insti-
tuts für Politische Psychoanalyse, Thea Bauriedl, mit
dem Konzept einer beziehungsorientierten »Psycho-
Ökologie der Gewalt« die Richtung vor, in die ein zu-
künftiger Umgang mit Gewalt führen könne. In ihrem
Buch »Wege aus der Gewalt« schreibt sie: »Wissenschaftlich können wir heute aus meiner Sicht Gewalt
nicht mehr als Ausdruck eines Aggressionstriebes und
auch nicht als Ausdruck des ewigen Widerspruchs
zwischen Individuum und Gesellschaft verstehen. Als
neue, kreative Alternative stellt sich für mich das
Verständnis von Gewalt als Ausdruck einer gestörten
Beziehung oder gestörter, destruktiver Beziehungsphantasien dar.«

Gewalt als »fehlendes Gespräch« zu begreifen, heißt
auch, daß man Gewalt niemals nur im Hinblick auf eine
Person oder Gruppe betrachten könne, sondern immer
nur unter den Vorzeichen, daß wir selbst immer auch Teil
des übergeordneten Systems der Beziehung oder Kultur
sind, in dem Gewalt ausgeübt wird. Dem entspricht die
schmerzliche, aber unbedingt notwendige Einsicht, daß
wir jederzeit nicht nur Opfer, sondern auch Täter von
Gewalt sein können.

Für den Umgang mit Gewaltphänomenen bedeutet das
zunächst ganz einfach: Jeder müsse bei sich selbst anfangen, in sich hineinhören, die eigenen Feindbilder und

Ausgrenzungs- wie Diskriminierungstendenzen erkennen; nur dann kann sich etwas ändern. Gewalt oder Aggression als Beziehungs- oder Kommunikationsphänomen zu betrachten, heißt daher vor allem, sich selbst als Beteiligten zu begreifen. Und sich bewußt zu machen, daß »letztlich jeder Mensch unter bestimmten Bedingungen zu Gewalt und Grausamkeit fähig« ist, wie es der Aggressionsforscher Udo Rauchfleisch formuliert.

Das Leben ist grausam, und wir leben nicht im Paradies. Obwohl man Gewalt und Aggression in gewissem Sinne als »natürliche« Gegebenheiten verstehen sollte, sind sie gleichzeitig sehr stark gesellschaftlich und kulturell geformte Phänomene. Von daher wird die folgende Einsicht des Literaten Louis Begleys bedeutsam: »Unrecht und Gewalt gegen den anderen, gegen den Fremden und unsere Gleichgültigkeit, mit der wir bereitwillig wegsehen, wurzeln in unserer Unfähigkeit, die dem Fremden eigene Menschlichkeit im wahrsten Sinne des Wortes wiederzuerkennen.« Wir müssen deswegen unbedingt lernen, im Fremden unseren Bruder oder unsere Schwester zu erkennen. Wenn wir das nicht tun, dann werden wir kaum den Mut finden, uns jenen in den Weg zu stellen, die ihnen Schaden zufügen wollen. Es würde vor allem helfen, wenn wir dabei auch lernen, daß menschliche Vielfalt ein Grund zur Freude ist: Sie bereichert die Welt und unsere Erfahrung. Kaum jemand würde sich wünschen, daß es auf der Welt nur eine Art von Blumen, Vögeln oder Fischen gäbe. Die unendliche Artenvielfalt empfinden wir nicht als Bedrohung. Wir sollten versuchen, unseren Mitmenschen ebenso neugierig, tolerant und erfreut zu begegnen.

Ein sicheres Rezept gegen Gewalt sei auch die Psycho-Ökologie der Gewalt nicht, meint Bauriedl nüchtern und realistisch. So müsse man bei aller Bemühung oft sehen, daß es Beziehungen gebe, in denen das Urvertrauen zum Leben und zu den anderen Menschen so sehr zer-

stört seien, daß »kein Weg« aus der Selbst- und Fremd-
zerstörung mehr herausführe: »Wir müssen uns wohl
damit abfinden, daß wir in einer teilweise schon endgül-
tig zerstörten Welt leben, in der es unheilbar zerstörte
Beziehungen gibt. Nicht jede Beziehungskrankheit ist
heilbar.«

Die wichtigste, ganz praktisch erlebbare Konsequenz
dieser ebenso selbstkritisch wie beziehungsorientierten
Einstellung zu Aggression und Gewalt lautet dabei in positiven Worten formuliert: Moralentwicklung, (Eigen-)
Kritik- und Konfliktfähigkeit gehören zusammen. Wohl
nicht ganz zufällig sind diese Eigenschaften auch die
Grundlagen von Zivilcourage.

VI. Anhang

Adressen

Kinder- und Jugendgewalt:
Bundesverband für Erziehungsfragen
Amalienstraße 6
90763 Fürth
Tel. 09 11 / 9 77 14

Gewalt in Familie/Beziehungen/Partnerschaft:
Pro familia
Stresemannallee 3
60596 Frankfurt
Tel. 0 69 / 63 90 02

Opfer von Kriminalität
Weißer Ring
– Gemeinnütziger Verein zur Unterstützung von
Kriminalitätsopfern –
Weberstraße 16
55130 Mainz
Tel. 0 61 31 / 8 30 30

Gesellschaft gegen psychosozialen Streß und Mobbing e.V.
Grüne Straße 14
33175 Bad Lippspringe
Tel. 0 52 52/5 22 06

Weiterführende Literatur

AJS, Arbeitsgemeinschaft Kinder- und Jugendschutz (Hrsg.): Gewalt und Gewaltprävention. Materialien zum Thema. Essen 1994 (AJS-Dokumentation Nr. 28).

Bakker, Fred u. a.: Sportpsychologie. Tübingen 1992.

Battegay, Raymond: Aggression – ein Mittel der Kommunikation? Bern, 1979.

Bauriedl, Thea: Wege aus der Gewalt. Freiburg 1992.

Bründel, Heidrun; Hurrelmann, Klaus: Gewalt macht Schule. Wie gehen wir mit aggressiven Kindern um? München 1994.

Cube, Felix von: Besiege deinen Nächsten wie dich selbst. Aggressionen im Alltag. München 1988.

Egg, Rudolf: Gewalt in unserer Gesellschaft. Über Ausmaße, Ursachen und Möglichkeiten der Bewältigung von Gewalt. Drogen-Report 4/1994.

Eisenberg, Götz; Gronemeyer, Rainer: Jugend und Gewalt. Der neue Generationenkonflikt oder: Der Zerfall der zivilen Gesellschaft. Reinbek 1994.

Fromm, Erich: Anatomie der menschlichen Destruktivität. Reinbek 1977.

Godenzi, Alberto: Gewalt im sozialen Nahraum. Basel/Frankfurt 1993.

Heyne, Claudia: Täterinnen – Offene und versteckte Form der Aggression von Frauen. Stuttgart 1992.

Kempf, Wilhelm u. a. (Hrsg.): Gewaltfreie Konfliktlösungen. Interdisziplinäre Beiträge zu Theorie und Praxis friedlicher Konfliktlösung. Heidelberg 1993.

Kerstin, Joachim: Der Männlichkeits-Kult. Psychologie Heute 9/93.

ders.: Männlichkeitsdarstellungen in Jugendgangs. In: *Albrecht Peter-Alexis u. a. (Hrsg.):* Festschrift für Horst Schüler-Springorum. Köln 1993.

Mentzos, Stavros: Der Krieg – und seine psychosozialen Folgen. Frankfurt 1993.

Mummendey, Anneliese: Aggressives Verhalten. In: *Stroebe, Wolfgang u. a. (Hrsg.):* Sozialpsychologie – eine Einführung. Berlin 1990.

Nolting, Hans-Peter: Lernfall Aggression. Wie sie entsteht – wie sie zu vermindern ist. Reinbek 1987.

Petermann, Franz: Umgang mit aggressiven Kindern. Weinheim 1993.

Rauchfleisch, Udo: Allgegenwart von Gewalt. Göttingen 1992.

Schellenbaum, Peter: Aggression zwischen Liebenden. Ergriffenheit und Abwehr in der erotischen Erfahrung. Hamburg 1994.

Schmälzle, Udo (Hrsg.): Mit Gewalt leben. Arbeit am Aggressionsverhalten in Familie, Kindergarten und Schule. Frankfurt 1993.

Schulte-Markwort, Michael: Gewalt ist geil. Mit aggressiven Kindern und Jugendlichen umgehen. Stuttgart 1994.

Schwind, Hans-Dieter; Baumann, Jürgen (Hrsg.): Ursachen, Prävention und Kontrolle von Gewalt. Analyse und Vorschläge der Unabhängigen Regierungskommission zur Verhinderung und Bekämpfung von Gewalt (Gewaltkommission). Bände I–IV. Berlin 1991.

Seemann, Hans-Jürgen; Meyer, Rainer: Das Prinzip Bosheit. Die Alltäglichkeit der Schikane. Weinheim, 1989.

Selg, Herbert (Hrsg.): Zur Aggression verdammt? Ein Überblick über die Psychologie der Aggression. Stuttgart 1981.

Stichwortregister

Verzeichnis der Grafiken und Tabellen

Stichwort

Information und Wissen in kompakter Form.
»Die Taschenbuch-Reihe gibt knappe, übersichtliche und
aktuelle Auskünfte zu den jeweiligen Themen.«

WESTFÄLISCHE RUNDSCHAU

Wilhelm Heyne Verlag
München